국어 선생님과 함께하는 언어 콘서트

언어던

언어던

초판 1쇄 인쇄 2019년 6월 15일
초판 1쇄 발행 2019년 6월 25일

글쓴이 정은균
펴낸이 김승희
펴낸곳 도서출판 살림터

기획 정광일
편집 조현주
일러스트 이태수
북디자인 꼬리별

인쇄·제본 (주)현문
종이 월드페이퍼(주)

주소 서울시 양천구 목동동로 293, 22층 2215-1호
전화 02-3141-6553
팩스 02-3141-6555
출판등록 2008년 3월 18일 제313-1990-12호
이메일 gwang80@hanmail.net
블로그 http://blog.naver.com/dkffk1020

ISBN 979-11-5930-106-3 03700

이 도서의 국립중앙도서관 출판예정도서목록(CIP)은
서지정보유통지원시스템 홈페이지(http://seoji.nl.go.kr)와
국가자료공동목록시스템(http://www.nl.go.kr/kolisnet)에서 이용하실 수 있습니다.
(CIP제어번호: CIP2019022618)

국어 선생님과 함께하는 언어 콘서트

언어뎐

정은균 씀

살림터

언어 씨(氏)에게

당신을 처음 만난 날이 정확히 언제인지 모르겠어요. 어머니 배 속에 있을 때였겠지요. 가끔 저에게 왔던 당신 모습이 기억나지 않습니다. 하지만 당신이 제게 다가왔을 때 느낌을 뚜렷이 기억해요. 당신은 부드러우면서 따뜻하였어요. 저는 당신이 전해 주는 포근함을 이불 삼아 어머니 배 속에서 스르르 잠들곤 하였습니다. 그때부터 저는 당신을 편한 친구로 여겼던 듯해요.

당신은 제가 이 세상에 나온 후에도 변함없이 제 곁을 지켜 주었습니다. 당신의 낮고 부드러운 목소리는 제게 묘한 힘을 주었어요. 제가 잠이 와 보채며 힘들어할 때 당신은 어김없이 찾아와 힘들어하는 저를 어루만져 주었어요.

걸음마를 배우면서 저는 당신을 초대하기 위해 무척 애썼습니다. 입으로 알지 못할 소리를 내려고 끝없이 종알거렸어요. 어머니 배 속에서 겪은 따뜻한 경험 때문이었을까요. 누가 저에게 알려 주지 않았는데도 저절로 그렇게 되었습니다.

6살 무렵이 되자 당신은 온전하게 제 안으로 들어왔습니다. 그 뒤로 당신은 한 번도 제 곁을 떠나지 않았어요. 친구를 넘어 완전한 분신이 되어 주었어요. 사람들은 당신을 통해 저를 보았어요. 당신 모습으로 제 숨은 모습을 판단하였어요. 당신이 제 분신이 된 후에도 제가 당신을 더 알기 위해 이리저리 다니며 땀을 흘린 까닭입니다.

그런데도 당신은 알면 알수록 어려워지는 묘한 존재였어요. 당신은 이 세상에 언제 처음으로 왔나요. 옛날 당신 모습은 어떠하였나요. 앞으로 당신은 어떤 모습을 갖게 될까요. 당신은 다른 어떤 사람들에게서는 무섭게 변신하기도 하였습니다. 당신이 한 번 왔다가 사라지기까지 많은 이가 고통을 받는 모습을 자주 보았어요. 놀라웠습니다. 그러다 어느 날 문득 이런 질문이 떠올랐습니다.

'도대체 당신은 누구입니까?'

저는 당신을 세상에 널리 알리는 일을 하며 삽니다. 중·고등학교 학생들에게 당신을 가르치는 국어 교사로 지내고 있어요. 2000년부터 시작했으니 올해가 19년째입니다. 당신에 대해서 깊이 공부하기 시작한 20대 초반부터 셈하면 25년째입니다. 짧지 않은 세월이라고 생각합니다.

그래서 저는 위의 단순한(?) 질문에 대한 답을 금방 찾을 줄 알았습니다. 안타깝게도 그렇지 않았어요. "당신은 누구입니까?"라는 질문은 수많은 다른 질문을 제 앞에 줄줄이 꺼내 놓았습니다. 그 질문 하나하나를 알아 가는 일이 쉽지 않았습니다. 몇 년 동안 당신이 누구인지에 대하여 남이 써 놓은 글과 책을 두루 훑어보았어요. 부족하지만 그동안 공부하면서 갖게 된 제 얕은 생각도 조금 담아 보려고 하였어요. 이 책은 그렇게 해서 나온 조그만 열매입니다. 부끄럽습니다. 하지만 당신을 널리 소개하고 싶은 제 마음은 이해해 주시리라 믿어요.

걱정 몇 가지가 있습니다. 사람들이 이 책을 어렵게 여기면 어떻게 하나 하는 것입니다. 저는 솔직히 당신 자신이 알기 어려운 존재이니 당신을 소개하는 이 책이 어려운 건 당연하지 않으냐며 변명하고 싶어요. 하지만 어려운 걸 쉽게 풀어 납득시키는 게 진짜 잘 가르치는 교사의 능력이라고들 하지요. 그래서 이 책을 어렵게 여기는 사람들에게는 그냥 제 능력 부족을 담담히 고백하렵니다.

솔직히 말하자면 사람들이 당신에 대해 깊이 알고 싶어 하지 않는 것이 더 큰 걱정거리입니다. 당신은 공기나 물처럼 늘 우리 곁에 있습니다.

그래서 사람들이 당신을 함부로 대하는 것 같아요. 보통 사람들이 당신에게 깊은 관심을 내보이지 않는 것은 어찌 보면 당연합니다. 하지만 바로 그런 이유 때문에 저는 많은 사람이 이 책을 읽었으면 좋겠어요. 겸허한 태도로 당신을 이해하려고 노력하는 사람들이야말로 갈수록 메말라 가는 이 세상을 따뜻하게 할 귀한 존재라고 믿어요.

저는 사람들이 이 책을 통해 당신의 본질을 조금이라도 깨달았으면 좋겠습니다. 때로 차갑고 무서운 얼굴을 보이지만 근본적으로 따뜻하고 다정한 당신의 진짜 모습을 더 많은 사람들이 알았으면 좋겠어요. 당신이 없다면 사람들 사이의 소통이나 관계 맺기는 거의 불가능해요. 그런 당신의 진짜 매력을 알게 된 사람들이 이 세상을 따뜻하게 만들어 간다면 더 바랄 게 없겠습니다.

2019년 무리뫼 둔배미길 언덕바지에서
당신 벗이 씁니다

차례

1.

최초의 말은 무엇이었을까?
_언어의 기원

최초의 말, 있다? 없다?

> "인류 화석이 말을 할 수 있다면 얼마나 좋겠습니까. 우리가
> 화석을 발굴할 때 쓰는 연장들 옆에 카세트 녹음기가 있었더
> 라면 또 얼마나 좋을까요?"

마이클 코발리스Michael Kobalis라는 미국 언어학자가 최초의 언어를
그리며 쏟아 낸 하소연이다.

최초의 명사가 저 깊은 지층 속 어딘가에 담겨 있다면 얼마나 좋을까.
공룡 발자국처럼, 미지의 조상이 처음으로 내뱉은 문장이 어느 날 갑자
기 우리 눈앞으로 다가선다면 얼마나 놀라울까. 그러나 언어의 기원을
탐색하려는 언어학자에게는 아무것도 없다.

안타깝게도 말은 공기 중에서 사라지는 그 순간에 존재하는 모순 덩
어리다. 한 마디의 말이 세상에 태어나 사라지기까지는 채 1초도 걸리
지 않는다. 나는 사람을 가장 사람답게 해 주는 수단인 말이 이처럼 한
순간에 사라져 버린다는 사실이 덧없기만 하다. 그런데 우리는 부질없

는 일인 줄 알면서도 최초의 한 마디 말을 상상한다. 맨 처음 인간 세상에 태어난 말은 어떤 모습이었을까. 그것은 어떻게 만들어졌을까.

아이들이 모어母語, mother tongue[1]를 어른처럼 매끄럽게 구사하려면 10년 넘는 시간이 걸린다. 미세한 근육 조절 기능을 활용하여 입술과 혀와 입을 움직이고 호흡을 자유롭게 조절하는 데 오랜 훈련이 필요하다.

그러나 한 마디 말은 불과 수십이나 수백분의 일 초도 살지 못한 채 사라진다. 실상 말이란 폐(허파)에서 올라와 성대를 거쳐 일정한 진동수를 갖게 된 후 입술 밖으로 빠져 나가는 소리의 흐름일 뿐이다. 그러므로 인류 최초의 말을 찾는 일은 전혀 불가능하다.

지금부터 150여 년 전인 1866년 프랑스 파리언어학회가 아주 이례적으로 연구 방향과 관련한 성명 하나를 발표하였다. 언어 기원에 관한 연구 중단을 선포하는 내용이었다. 파리언어학회는 언어 기원이나 발생과 관련된 어떤 논문도 심사 대상으로 받아들이지 않겠다는 결의안을 통과시켜 정관에 기록하였다.

파리언어학회가 이런 극단적인 조치를 취한 배경이 무엇이었을까. 19세기 유럽 학문계에는 과학적 실증주의가 풍미하였다. 실증주의는 과학적인 관찰과 실험을 통해 증명되는 사실만을 온전한 학문적 지식으로 인정하는 태도를 가리킨다. 파리언어학회는 최초 말이나 언어 기원과 같은 연구를 객관적으로 진행할 수 없다고 보았다. 그들은 최초 언어를 밝

---

1. '모어'는 '모국어'와 별다른 구별 없이 쓰이기도 한다. 이 책에서는 '모국어'라는 말이 배타적인 언어 민족주의를 함축할 수도 있다는 점에 유의하여 '모어'만 쓴다. '모어'나 '모국어'의 영어 표현인 'Mother Tongue'이나 독일어 표현인 'Mutter Sprache'도 '모어'로 되어 있다.

혀 줄 만한 마땅한 자료나 실험 방법이 없다고 생각하였다.

파리언어학회가 성명을 발표한 지 6년 뒤인 1872년 영국의 런던문헌학회가 파리언어학회 뒤를 이어 언어 기원에 관한 연구 중단을 선언하였다. 그 뒤 언어 기원이나 출현 과정과 관련된 연구 주제는 점점 비과학적이고 불명예스러운 것으로 간주되었다고 한다.

언어 기원과 진화에 관한 연구가 다시 뜨거워진 것은 1990년대 중반 언어진화학회가 창립되면서부터였다. 호주 언어학자 크리스틴 케닐리가 조사한 결과에 따르면 1980년대 언어의 발생이나 기원을 다룬 논문 수가 100편을 넘지 않았다고 한다. 그런데 1990년대를 지나 언어 진화에 관한 연구가 유행하면서 논문 수가 폭발적으로 늘어나 지금까지 1000편이 넘는 논문이 쌓여 있다고 한다.

언어 기원에 관한 논쟁은 매우 뜨겁다. 크게 두 가지 주장이 맞서 있다. 세계 언어가 하나의 조상 언어에서 갈라져 나온 것으로 보는 '단일 언어 기원설'과, 여러 지역에서 다양한 언어가 동시다발적으로 출현하였다고 보는 '다지역 기원설'이 그것이다. 오늘날 언어진화학 연구 분야에서는 후자가 지배적으로 받아들여지고 있다고 한다.

말의 뿌리를 찾아라

최초 말에 대한 관심은 먼 옛날에도 있었다. 고대인들은 말에 특별한 지위를 부여하였다. 말에 신성한 힘이 담겨 있다고 여겨 불행이나 재해를 막는 주문을 외우는 주술 수단으로 사용하였다. 고대 부족 제사장

토트 신

들은 동시에 의사이기도 했는데, 그들이 병을 치료하는 데 썼던 도구가 말이었다.

고대인은 말을 신이 내려 준 것이라고 생각하였다. 신과 나누는 의사소통 의식이라고 할 수 있는 신탁神託에서 말은 신의 뜻을 전달하는 메신저였다. 이집트 신화에서는 따오기 새 머리 모양을 하고 있는 지혜의 신 '토트Thoth'가 말을 만들어 준 것으로 기록하고 있다. 인도 신화를 기록한 리그베다에서는 우주를 만든 '브라흐마Brahma' 신의 부인 '사라스바티Sarasvati'가 언어를 만든 주인공으로 전해진다. 중동 바빌로니아 신화에서는 '나부Nabu' 신이 그 역할을 맡는다. '나부' 신은 진흙 서판書板이나 철필鐵筆을 자신의 상징물로 거느리고 있다.

언어 기원을 신들의 세계와 연결 짓는 고대인의 관점은 '신화적인' 상상의 산물이어서 학문적으로 증명하기 힘들다. 신화시대를 지나 역사시대에 들어서면서 상황이 바뀌었다. 좀 더 '인간적인' 관점에서 언어 기원에 관심을 가진 사람들이 나타났다. 기원전 7세기 무렵 이집트 파라오 프삼티크Psamtik, B.C. 664~610가 그런 사람이었다.

프삼티크 황제는 최초 언어를 입증하기 위해 그럴 듯한 가정을 세웠다. 어떤 언어에도 노출되지 않은 아이가 처음으로 내뱉는 말이 최초의 언어일 것이다! 이를 밝히기 위해 그는 갓난아기 둘을 깊은 산속 오두막에 가두었다. 아기들은 절대로 말을 하지 않는 충직한 양치기가 가져다주는 음식만 먹고 자랐다.

프삼티크 황제의 실험은 순조롭게 진행되었다. 마침내 비운의 아기 주인공들이 말을 뱉어 냈다. 고대 그리스 역사가인 헤로도토스Herodotus는 그 말이 '베코스bekos'였다고 기록하였다. '베코스'는 당시 프리기아어

Phrygia[2]로 '빵'을 뜻하였다. 프삼티크 황제는 프리기아어가 인류 최초 말이라고 선언하였다.

프삼티크 황제의 후예가 더 있었다. 12~13세기에 신성 로마 제국을 통치했던 독일 호엔슈타우펜Hohenstaufen 왕조 황제 프리드리히 2세는 7개 국어에 능통한 언어 천재였다. 프리드리히 2세 역시 프삼티크 황제와 마찬가지로 최초 언어에 대한 관심과 열의가 남달랐다. 그 역시 프삼티크 황제처럼 아기 두 명을 한 장소에 가두어 관찰하게 했다고 한다. 그러나 아기들은 말 한 마디 제대로 하지도 못하고 죽어 버렸다.

그로부터 200년이 흐른 뒤 스코틀랜드 왕 제임스 4세가 새로운 '프삼티크족'으로 역사에 출현하였다. 제임스 4세도 선배 프삼티크족처럼 아이들을 감옥에 가두고 관찰하였다. 그는 실험이 끝난 뒤 아이들이 '아주 훌륭한 히브리어'를 말했다고 결론을 내렸다. 히브리어는 기독교 종주국인 이스라엘의 공용어였다. 그래서 후대 기독교도들은 수세기 동안 히브리어가 인류 최초 언어라고 자랑했다고 한다.

인간에게 말을 선물해 주었다는 신들 이야기나 '프삼티크족'의 실험들은 언어 기원과 관련한 공통적인 전제 한 가지를 밑바탕에 깔고 있다. 인간의 최초 언어이자 뿌리에 해당하는 하나의 원어原語가 있었다고 보는 것이다. 이에 따르면 오늘날 존재하는 수많은 언어는 하나의 원어에서 가지를 쳐 나온 것이 된다. 우리는 이를 단일 언어 기원설이라고 부른다.

단일 언어 기원설은 성경의 창세기 11장에 나오는 '바벨탑' 이야기[3]에

---

2. 프리기아어는 오늘날 터키를 중심으로 하는 소아시아 지역에서 쓰이는 말이다.
3. 바벨탑에 관한 이야기는 14장에서 자세히 소개한다.

서 아주 인상적으로 그려지고 있다. '노아의 대홍수' 사건 이후 사람들은 여호와를 믿지 못해 하늘까지 닿는 높은 탑을 쌓아 스스로를 지키기로 하였다. 이에 위협(?)을 느낀 여호와는 사람들이 쓰는 말을 어지럽게 만들었다. 서로 말을 알아듣지 못하게 된 사람들은 더는 탑 쌓는 일을 할 수 없게 되었다.

모든 말의 고향은 아프리카?

단일 언어 기원설은 프삼티크족의 실험이나 바벨탑 이야기에서만 발견되는 것이 아니다. 최신 과학으로 무장한 현대 연구자들 중에서도 단일 언어 기원설을 주장하는 이들이 있다.

2011년 4월 쿠엔틴 앳킨슨Quentin Atkinson 뉴질랜드 대학교 교수가 세계적인 과학 잡지 〈사이언스Science〉에 한 논문을 발표하였다. "음소 다양성이 증명하는 창시자 효과[4]의 연쇄와 언어의 아프리카 기원설"이라는 제목으로 실린 앳킨슨 교수의 논문에는 현재 인류가 쓰는 언어들이 모두 아프리카에 뿌리를 두었다는 주장이 담겨 있었다.

앳킨슨 교수가 최초 언어의 기원을 찾기 위해 활용한 중요한 개념이 '음소phoneme'였다. 음소는 언어학에서 말소리를 구별하게 하는 최소 단

---

4. '창시자 효과(founder effect)'는 원래 생물학 분야에서 쓰이는 개념이었다. 어떤 생물 종이 한 지역에 오래 거주하면 유전자 변형이 축적되어 다양한 후손들이 생겨난다. 그런데 그 집단의 일부가 좀 더 넓은 지역으로 퍼져 나가면 거주 밀도가 느슨해지면서 다양성이 줄어든다. 이러한 현상을 생물학에서는 '창시자 효과'라고 부른다. 창시자 효과에 따른 유전자 다양성을 지역별로 조사하여 그 경로를 역추적하면 어떤 생물 종의 기원을 알 수 있는데, 앳킨슨 교수는 이를 최초의 언어를 추적하는 데 활용했다고 한다.

위, 곧 자음과 모음[5]을 가리킨다. 앳킨슨 교수는 어떤 언어에 음소 종류가 많을수록 언어 다양성이 풍부하다고 전제하였다. 이어 창시자 효과 개념을 활용하여 최초 발생지에서 멀어질수록 창시자 인구(최초 거주지에 살았던 집단 구성원들) 밀도가 낮아지는 것처럼, 언어 또한 최초 발생지에서 멀어지면 음소 수가 원래보다 줄어들 것이라고 보았다.

이런 관점에 따르면 음소 개수가 가장 많은 언어가 최초 언어에 가깝다는 결론이 나온다. 뒤집어 말하면 음소 다양성이 가장 풍부한 언어가 최초 언어의 원형을 보여 준다는 논리다. 이를 밝히기 위해 앳킨슨 교수는 현존하는 언어 504개를 선정하여 음소를 추출한 뒤 각 언어별 음소 목록 규모를 조사하였다. 그 결과 아프리카 남서부 지역의 음소 다양성이 가장 큰 것으로 나타났다. 각 언어들의 음소 다양성은 이곳에서 멀어질수록 점점 줄어들었다. 이를 바탕으로 앳킨슨 교수는 인류 언어가 아프리카에서 출발했다는 결론을 내렸다.

최초의 하나는 없다

단일 언어 기원설은 인류 기원과 관련한 고고인류학 분야의 최신 연구 결과와 어긋날 때가 많다고 한다. 그동안 고고인류학계에서는 단선

---

5. '달[月]'과 '말[馬]'은 자음 'ㄷ'과 'ㅁ'으로 그 의미가 구별되고, '물[水]'과 '말[馬]'은 모음 'ㅜ'와 'ㅏ'로 구별된다. 이렇게 자음과 모음은 말들 사이의 의미를 구별해 주는 최소의 언어 단위 구실을 하는데, 이들을 '음소(音素)', 또는 '음운(音韻)'이라고 한다. '음운'은, 자음과 모음을 가리키는 '음소(音素)'와 억양, 장단, 고저 등과 같이 말소리의 운율적인 측면과 관련되는 '운소(韻素)'를 포괄하는 개념으로 쓰이기도 한다. 이 책에서는 특별한 경우가 아니면 '음소'와 '음운'을 구별하지 않는다.

진화론을 인류 기원과 관련한 주류 견해로 인정해 왔다. 단선 진화론은 하나의 호미니드Hominid(사람과 그 조상이 포함된 동물 계통)가 사라지면 다른 호미니드가 뒤를 잇는다고 보는 관점이다. 이에 따르면 인간은 호모 하빌리스Homo habilis에서 호모 에렉투스를 거쳐 현생 인류 직계 조상인 호모 사피엔스로 이어지는 일직선상의 진화 과정을 따른 종이다.

그런데 최첨단 과학으로 무장한 현대 고고인류학은 인류 기원을 주로 복수 종複數種 이론[6]에 따라 설명한다. 복수 종 이론에서는 인류 조상 중 호미니드 여러 종이 같은 시기 같은 지역에서 함께 살았다고 전제한다.

세계적인 고고인류학자 미브 리키Meave Leakey[7] 교수와 루이즈 리키Louise Leakey 박사 공동 연구팀이 세계적인 과학 저널인 〈네이처Nature〉에 발표한 이론이 복수 종 이론이었다. 이들의 연구 결과는 약 200만 년 전 아프리카 케냐 지역에 호모 하빌리스와 호모 루돌펜시스Homo Rudolpensis, 호모 에르가스테르homo ergaster 등 호미니드 세 종이 함께 살았다는 고고학적 사실을 통해 뒷받침되고 있다.

언어 역시 이와 비슷한 이론으로 설명할 수 있다. 복수 종 이론처럼, 인간 언어가 하나가 아니라 여러 개가 동시다발적으로 나타나는 과정 속에서 점점 발달했다고 보는 다중 언어 기원설이 그것이다. 다중 언어

---

6. 복수 종 이론과 관련한 내용은 〈경향신문〉 2012년 8월 24일 자 16면에 실린 기사 "인류 최초의 조상 찾았다"를 참조하였다.
7. 이들이 속해 있는 리키 가문은 고고학계의 명문이다. 루이즈 리키는 그 어머니 미브 리키와 함께 2012년에 호모 루돌펜시스를 두 번째로 발견한다. 호모 루돌펜시스의 첫 번째 화석은 미브 리키의 남편, 곧 루이지 리키의 아버지인 리처드 리키가 1972년에 발견하였다. 당시에만 해도 리처드 리키가 발견한 호모 루돌펜시스 화석은 정식 종으로 인정받지 못하였다. 루이즈 리키의 할아버지인 루이스 리키 또한 1963년에 호모 하빌리스 화석을 처음으로 발견한 고고학계의 스타 학자다.

기원설에서는 동시다발적으로 생겨난 여러 언어들 간 상호작용과 간섭 과정에서 개별 언어가 발달했다고 본다. 다중 언어 기원설은 오늘날 언어진화학계에서 지배적인 견해로 자리 잡고 있다고 한다.

단일 언어 기원설의 근거로 아이들 말을 드는 사람들이 있는데, 이런 사람들의 주장은 조금 부풀려진 면이 있다. 말을 막 배우기 시작하는 2살이나 3살 무렵의 유아기 아이들은 발음 기관이 덜 성숙한 상태에 있다. 그래서 이 시기 아이들이 하는 말은 대체로 불완전하고 서로 비슷하다. 여러 언어권에서 아이들이 '아빠'와 '엄마'를 'papa'와 'mama'로 부르는 것이 구체적인 예다.

그렇다고 이를 근거로 세계 언어가 하나의 말에서 파생되었다고 성급하게 말하면 곤란하다. 옛 소련 지역 조지아어Georgian(옛 그루지아어)나 호주 원주민 언어 중 하나인 피찬차차라어Pitjantjatjara에서는 'mama'가 '엄마'가 아니라 '아빠'를 뜻한다. 그리고 일반적으로 '아빠'를 뜻하는 'papa'가 피찬차차라어에서는 '개'를 가리킨다!

땡땡설과 멍멍설

'최초의 언어=신의 선물'과 같은 관점은 '선물설'이라고 부를 수 있다. 이와 달리 언어를 인간이 만들어 낸 발명품이라고 보는 시각이 있는데, 이는 '발명설'이라고 할 수 있다. 언어 발명설은 역사가 길다. 고대 그리스 철학자 아리스토텔레스Aristoteles, B.C. 384~322와 중세의 요하네스 코메니우스Johannes Commenius, 1592~1670와 근대의 루소Jean

Jacque Rousseau, 1712~1778에 이르기까지 많은 사람이 언어 발명설을 지지하였다.

아리스토텔레스는 언어 발명자가 사려 깊고 지혜로운 '명명관命名官'이라고 생각하였다. 그는 현명한 명명관이 모든 사물의 천성이나 본성에 맞게 이름을 짓는다고 보았다. 언어학 교과서에서는 이와 같은 관점을 '땡땡설ding-dong theory'로 기술하기도 한다. 땡땡설에 의하면, 종을 쳤을 때 '땡' 하고 소리가 나는 것처럼 어떤 사물이 갖는 고유의 소리를 인간이 지각한 대로 표현하려는 데서 언어가 시작되었다고 본다.

체코슬로바키아 출신 언어학자이자 교육학자인 요하네스 코메니우스는『그림으로 보는 시각적 세계』라는 책에서 동물 울음소리나 인간 숨소리가 언어로 발전했을 것이라는 견해를 내놓았다. 코메니우스의 견해는 인간 언어가 자연의 소리를 모방하는 과정에서 비롯됐다고 보는 관점의 하나로 볼 수 있다.

루소는『인간 언어 기원론』이라는 책에서 최초 언어에 대해 고민하였다. 그는 원시 시대 숲속에 고립되어 방랑하며 살아가던 최초 인간들을 상상하면서 인류 최초 언어가 사람들이 본능적으로 내뱉은 울부짖음에서 비롯되었다고 보았다. 사람은 위험에 맞닥뜨리면 비명을 지른다. 극심한 고통을 호소할 때는 크게 소리를 낸다. 루소는 그런 소리들이 최초 언어의 뿌리가 되었다고 생각하였다.

루소는 원시인들이 동물이 내는 소리를 흉내 내고, 그것을 좀 더 정교하게 하면서 최초의 언어 체계를 완성했다고 보았다. 위험한 상황에서 원시인들이 개가 짖는 소리를 모방하여 '멍멍'과 비슷한 소리를 냈다고 가정해 보자. 그 후 '개'에 대해 이야기할 때 처음에 낸 '멍멍' 비슷한 소리가 '개'를 가리킬 때 사용된다. 루소는 그런 식으로 점점 더 많은 단어가 차곡차곡 쌓이면서 하나의 언어가 완성된다고 이해하였다.

코메니우스나 루소가 주장한 최초 언어에 관한 가설은 이른바 '멍멍설bow-wow theory'이라고 불린다. 그런데 '멍멍'이나 '휘잉'과 같은 의성어는 동물(개)이나 자연(바람) 소리를 모방한 말들이다. '멍멍설'이 논리적으로 타당하다면 전 세계 언어에서 쓰이는 개 울음소리나 바람 소리가 똑같거나 적어도 서로 비슷해야 한다.

그러나 전 세계 개들이 짖는 소리는 (적어도 언어로 표현되는 한에 있어서는) 다 다르다. '멍멍'이나 '컹컹' 하고 짖는 개는 우리나라 개뿐이다. 미국 개는 '바우와우bow-wow' 하고 짖는다. 인도네시아 개는 특이하게도 '공공gong-gong' 하고 운다. '멍멍'과 '컹컹', '바우와우'와 '공공'을 같은 소리로 받아들이는 사람은 없을 것이다.

언어 기원에 관한 학설(?)에는 몇 가지가 더 있다. '쯧쯧설pooh-pooh theory'은 '쯧쯧', '오오', '저런'과 같이 감정을 표현하는 말이 생겨나는 과정에서 언어의 기원을 찾는다. '노래설sing-song theory'은 사람들이 신을 모시거나 귀신을 쫓아내는 의식을 치를 때 함께 부르는 노래에서 최초 언어를 탐색한다. 여러 사람이 힘을 합쳐 일을 할 때 내는 소리에서 언어의 뿌리를 찾는 '끙끙설grunt theory'도 있다.

이들은 과학적으로 증명하기 힘들어 단순한 가설 이상의 의미를 갖기 어렵다. 최근에는 단순한 가설이 아니라 좀 더 과학적인 접근법을 활용해 언어 기원을 추적하려는 시도가 활발하게 이루어지고 있다. 이를 위해 연구자들은 진화생물학이나 생리학, 고고인류학과 같은 여러 연구 분야 성과를 통합적으로 활용한다.

인간 언어는 어느 날 갑자기 하늘에서 떨어진 것이 아니다. 최근 언어 기원을 연구하는 학자들은 우리의 먼 조상 인류가 언어를 갖기 위해 수많은 전제 조건을 채워 가면서 긴 시간을 거쳤을 것이라고 가정한다. 그 길은 어떠하였을까. 우리 조상 인류가 그 과정에서 하나하나 채워 간 조건들이 무엇이었을까. 다음 장에서 우리 조상들이 밟은 여정을 따라가 보자.

2.

말이 생기려면 무엇이 있어야 할까?
_언어의 생성 조건

원시 아기 살렘은 수다쟁이?

미국 캘리포니아 과학 아카데미에는 '디키카 연구 프로젝트Dikika Research Project, DRP'라는 연구팀이 있다. DRP는 고인류 화석의 보고인 아프리카 에티오피아 디키카 지역을 중심으로 고인류와 관련된 화석을 발굴하고 분석하는 일을 한다. DRP의 주요 연구 주제 중 하나는 인류의 진화 과정이다.

2010년 8월 DRP는 〈네이처〉에 한 포유류 화석에 관한 연구 결과를 발표하였다. 2009년 에티오피아 아파 지역에서 발견된 문제의 화석은 포유류의 갈비뼈와 대퇴골 부위에 속하는 뼛조각 두 점이었다. 첨단 장비로 분석한 결과 두 점의 뼛조각은 지금으로부터 약 340만 년 전 것으로 추정되었다. DRP가 〈네이처〉에 소개한 사진 속 뼈들을 보면 단단한 망치 같은 것으로 내리쳐진 듯이 부서져 있다. 날카로운 도구를 이용해 베어 낸 흔적도 보인다.

그때까지 인류가 최초로 도구를 사용하기 시작한 시점은 호모 하빌리스가 살았던 약 250만 년 전쯤이었다는 관점이 지배적이었다. 그런데 이

뼈들을 통해 인류의 도구 사용 시기가 그보다 훨씬 앞설 것이라는 관점이 설득력을 얻기 시작하였다. 에티오피아 출신으로, DRP를 이끌고 있는 제레세나이 알렘세게드Zeresenay Alemseged는 이 시기(약 340만 년 전) 인류 조상들이 도구를 이용해 고기를 바르고 뼈를 부서뜨려 그 안에 있는 척수脊髓를 먹었을 것이라고 보았다.

뼈 주인은 훗날 '루시Lucy'와 '살렘Salem'이라는 이름으로 널리 알려진 오스트랄로피테쿠스 아파렌시스Australopithecus afarensis 종이었다. 오스트랄로피테쿠스 아파렌시스 종은 인류의 직접적인 혈통으로 가장 유력한 후보 중 하나로, 290만~380만 년 전 사이에 동부 아프리카 지역에 살았다. 연구자들은 앞으로 DRP의 주장이 좀 더 설득력을 얻게 된다면 도구를 사용한 최초의 주인공 자리가 호모 하빌리스 종에서 오스트랄로피테쿠스 아파렌시스 종으로 넘어갈 것이라고 전망한다.

2000년에는 에티오피아 북동부 디카카 지역에서 한 여자 아기 유골이 발견되었다. 이 유골에 대한 연구도 제레세나이 알렘세게드 박사팀이 맡았다. 알렘세게드 박사팀은 아기 유골에 '살렘(평화)'이라는 이름을 붙여 주었다.

당시 독일 막스 플랑크 진화인류학연구소에 소속되었던 알렘세게드 연구팀은 살렘 유골에 붙은 사암 알갱이를 일일이 하나씩 제거하는 고된 작업을 5년 동안이나 벌였다. 그 뒤 후속 연구를 통해 살렘이 직립 원인이었으며, 330만 년 전쯤에 숨졌다고 추정하였다.

살렘 역시 320만 년 전에 살았던 루시와 마찬가지로 오스트랄로피테쿠스 아파렌시스 종에 속해 있는 것으로 밝혀졌다. 루시는 1974년 고고학 명가인 영국 리키 집안의 루이즈 리키가 발견한 여성 화석으로, 현재 모든 현생 인류의 어머니로 평가 받고 있는 인물이다.

살렘은 홍수에 휩쓸린 후 사암 퇴적물 속에 파묻혔다고 한다. 살렘은 그와 같은 비운의 운명 덕분에 다행히(?) 자신의 몸을 거의 완벽한 형태로 보존할 수 있었다. 오늘날 우리는 살렘의 온전한 두개골과 상체 전부, 팔다리 주요 부위를 모두 볼 수 있다. 살렘에게는 채 돋지 않은 치아들도 있었는데, 그것들이 턱에 붙어 있다는 사실을 근거로 나이가 3살 정도로 추정되었다.

언어 기원과 관련하여 살렘이 남긴 부위 중 연구진 눈길을 끈 것은 화석으로 바뀌기 힘든 설골舌骨이었다. 설골은 혀뿌리에 붙어 있는 'V' 자 모양의 작은 뼈로서 발성이나 호흡 기능에 중요한 인두咽頭와 연결된다. 언어와 관련된 중요한 증거물이 될 수 있는 부위다. 연구진은 설골을 통해 당시 인류의 인두 구조와 발성 방식을 유추할 수 있을 것이라고 보았다.

그런데 살렘의 혀 근육에 붙어 있는 설골은 침팬지의 것과 매우 유사한 것으로 분석되었다. 연구진은 오스트랄로피테쿠스 아파렌시스 종이 내는 소리는 그것이 무엇이 되었든지 간에 "인간 엄마보다 침팬지 엄마의 귀에 더 호소력을 가졌을 것"이라고 보았다. 루시와 살렘이 속해 있던 오스트랄로피테쿠스 아파렌시스 종에게는 오늘날 우리가 말하는 매끄러운 언어가 없었을 것이라는 말이다.

살렘 가족들에게 언어 비슷한 어떤 것이 있었다면 그것은 고릴라나 침팬지 들이 내는 단순한 꽥꽥거림이나 비명 소리에 가까웠을 것이다. 살렘 몸에서 발견된 설골 구조나 위치가 증거였다. 그들이 내지르는 소리는 무척 시끄러웠을 것이다. 그러나 그것은 인류의 최초 조상들이 좀 더 언어다운(?) 언어를 갖기 위해 꼭 거쳐야 했던 과정이었다.

돌고래 왈, "내 모습이 보고 싶어."

인류가 살렘의 '시끄러운 언어'에서 벗어나 좀 더 '조용한 언어'를 구사하게 된 것은 약 15만 년 전쯤이었다. 우리 조상 인류는 이 시기에 이르러 언어를 사용할 수 있는 신체적인 조건을 어느 정도 갖추게 되었다. 언어진화학자들에 따르면 오늘날 우리가 쓰는 언어와 비슷한 말은 약 10만 년 전쯤 원시 석기 시대 조상들에 이르러서였다. 루시와 살렘이 산 300만 년 전은 최초 언어를 말하기에 너무 먼 과거다.

그런데도 언어에 관한 우리 상상력은 루시와 살렘 시대를 그냥 지나치지 못하게 만든다. 다음과 같은 의문 때문이다. 이들이 암소 살을 바르고 뼈를 부숴 골수를 먹은 것은 단순히 본능에 따른 행동이었을까. 의도적인 어떤 '생각'이 그런 행동을 이끌지 않았을까. 나는 이들이 미지의 동굴에서 골수로 만찬을 즐길 수 있게 될 때까지 머릿속으로 수많은 '생각'을 스쳐 보냈을 것 같다.

언어 진화와 관련하여 많은 연구자가 공통적으로 전제하는 사실이 한 가지 있다. 적어도 우리 조상들이 어느 날 갑자기 말을 쏟아 내지는 않았으리라는 점이다. 그렇다면 인류가 말을 하기까지 무엇이 있어야 하였을까. 언어진화학자들은 첫 번째 요소로 이야깃거리를 꼽는다. 이를 이해하려면 최초의 단어가 어떻게 만들어졌는지 상상해 보아야 한다.

학자들은 최초의 호미니드가 단어를 만들어 내는 데 상당히 많은 전제 조건이 필요했을 것이라고 본다. 이와 관련하여 1960년대 후반 미국의 진화심리학자 고든 갤럽Gordon G. Gallup이 수행한 유명한 실험을 살펴보자. 침팬지를 대상으로 한 거울 테스트[8]였다. 갤럽은 침팬지가 거울속 이미지가 자기 자신이라고 인식할 수 있는지 확인하고 싶었다.

실험 결과 갤럽은 침팬지가 거울을 이용해 자신의 신체 부위를 본다는 결론을 내렸다. 침팬지들은 입속을 관찰하면서 이빨을 한참 들여다보거나 이를 잡았다. 거울에 비친 자신의 모습을 무시하는 여느 동물들과 달랐다. 침팬지가 자기를 인식할 수 있는 능력을 갖고 있음이 확인된 것이다.

고든 갤럽의 거울 실험

8. 이곳에 소개되는 동물 사례들은 크리스틴 케닐리가 쓴 책 『언어의 진화』(2009, 알마)에 실린 내용을 참조하였다.

갤럽의 연구 결과는 사람들을 충격에 빠뜨렸다. 당시 사람들은 자기 인식 능력과 같은 수준 높은 인지 활동이 사람이 아닌 다른 동물에게 서 가능하다는 사실을 쉽게 받아들이지 못하였다. 이후 갤럽의 실험을 반증하기 위해 많은 연구가 시도되었으나 모두 실패하였다. 오히려 갤럽 의 결론을 뒷받침하는 연구 사례가 꾸준히 축적되었다고 한다.

2000년 미국 과학자 다이애나 라이스Diana Reiss와 로리 마리노Lori Marino가 실시한 실험에서도 거울이 실험 도구로 활용되었다. 먼저 돌고 래가 거울을 통하지 않으면 볼 수 없는 몸 부위에 검은색 표식을 칠한 뒤 수조 바깥쪽에 붙여 놓은 거울을 통해 돌고래 행동을 관찰하였다. 놀랍게도 돌고래들은 자기 모습이 반사되는 거울 쪽으로 헤엄쳐 와서 몸에 칠한 검은색 표식을 확인하려고 했다고 한다.

2005년 말에는 콩고 공화국에서 일군의 과학자들이 고릴라들이 물속 에 들어가기 전에 막대기로 물 깊이를 재는 듯한 행동을 하는 것을 관 찰하였다. 2007년에는 미국 아이오와 주립대학교 연구팀이 세네갈 남동 지역에 사는 침팬지들을 관찰하여 침팬지가 여우원숭이를 사냥할 때 막대기 끝을 날카롭게 해서 창으로 사용한다는 연구 결과를 발표하였 다. 고릴라와 침팬지의 '생각'이나 '사고'를 전제하지 않고서는 받아들이 기 힘든 사례들이다.

생각하고 사고하는 동물의 보기로 코끼리를 빼놓을 수 없다. 코끼리 는 고도로 조직화한 모계 중심 사회 속에서 살아가는 동물이다. 코끼리 무리에게는 나이 지긋한 연장자의 현명한 지혜가 필요한 일이 많다. 코 끼리 수컷은 12~15년 정도 무리 안에서 살다가 그곳에서 조용히 떠난 다. 그런데 코끼리 암컷은 계속 무리 안에서 많은 정보를 수집하고 기억하면서 지도자처럼 살아간다.

　실제 코끼리 암컷은 코끼리 무리에서 여왕과 같은 위상을 갖는다. 그는 수백 마리의 친한 코끼리들과 어떻게 관계를 맺고, 맛 좋은 과일이 어느 곳에 있는 나무에서 열리는지 안다. 이 정보들은 후손들에게 꾸준히 이어지면서 무리가 생존해 나가는 데 도움을 준다. 이때 여왕 코끼리에게 필요한 것이 무엇일까. 무리의 생존을 돕는 지식의 필요성에 대한 자각과 그것을 배워 기억하는 데 요구되는 힘, 달리 말해 사고하고 분석하는 능력이다.

까마귀 베티는 맥가이버

　영국 옥스퍼드 대학교 동물학과의 조류 사육장에는 고향이 태평양 남서쪽에 있는 뉴칼레도니아섬인 뉴칼레도니아 까마귀가 살고 있다. 긴 수명 기간 내내 군집群集 생활을 하는 특징이 있는 이들 뉴칼레도니아 까마귀에게는 또 다른 놀라운 특징이 있다. 이들은 부리가 닿지 않는 고정된 시험관 안에 있는 고기 조각을 빼내 먹을 수 있다!

　우리가 뉴칼레도니아 까마귀들에게 준비해 주어야 할 것은 별로 많지 않다. 날아와 앉을 수 있는 탁자와 꼬치구이용 막대기만 있으면 된다. 까마귀들은 탁자 위에 놓인 막대기를 이용해 시험관 안에 놓인 고기 조각을 콕콕 찔러 잡아 뺀 다음 맛있게 먹는다고 한다.

　'베티Betty'는 옥스퍼드 대학교 동물학과 조류 사육장에서 살아가는 까마귀 무리 중 나이가 가장 많으면서 막대기 활용 능력이 가장 뛰어난

새라고 한다. 2001년 당시 알렉스 위어Alex Weir는 옥스퍼드 대학교 대학원 박사 과정 학생이었다. 그해 위어는 비디오로 촬영되는 한 실험에 베티를 출연시켰다. 갈고리 모양을 써야 먹이를 빼낼 수 있는 조건에서 새들[9]이 도구를 어떻게 활용하는지 확인하기 위한 실험이었다. 일자一字와 갈고리 모양의 철사 도구 중에서 무엇을 선택하는가 하는 것이 관찰 포인트였다.

위어는 유리 실린더 안에 손잡이가 달린 장난감 바구니를 담아 놓았다. 바구니 안에는 고깃덩어리가 들어 있었다. 베티와 아벨이 고기를 먹으려면 바구니를 갈고리 모양의 도구로 빼내야 하였다. 베티 짝 아벨이

도구를 만드는 까마귀

<hr>

9. 베티 단짝인 '아벨'이라는 새도 출연하였다.

먼저 날아올랐다. 아벨은 곧장 갈고리 모양의 철사를 입으로 물려고 했으나 실수로 떨어뜨리고 말았다.

그러자 횃대에서 아벨의 모습을 지켜보고 있던 베티가 날아올랐다. 베티는 전에 한 번도 본 적이 없는 일자 모양의 철사를 입으로 물어 적당한 틈에 밀어 넣은 뒤 갈고리 모양을 만들었다. 마치 만능 재주꾼 맥가이버[10] 같았다. 갈고리 모양의 철사를 실린더 안으로 넣어 바구니를 꺼낸 베티는 안에 담긴 고깃덩어리를 입속으로 쏙 집어넣었다.

침팬지와 돌고래는 거울을 보고 자신을 알아본다. 아프리카 고릴라는 목표를 달성하기 위해 도구를 만들어 쓴다. 여왕 같은 암컷 코끼리는 무리 안에서 지식을 학습하고 기억하여 후손들에게 전해 준다. 까마귀는 자신의 뜻에 맞게 철사를 구부릴 줄 안다.

이들 동물 사례는 언어의 생성 조건 중 하나인 사고 능력을 간접적으로 보여 준다. 사고 능력은 인간이 언어를 만들어 내는 데 중요한 요소다. 지난 세기까지 높은 수준의 인지 능력은 인간에게 고유한 것으로 간주되었다. 그런데 이들은 동물이 언어 없이도 복잡하고 고차원적인 사고 활동이나 사회생활을 할 수 있음을 보여 준다.

사고 작용은 어떻게 이루어질까. 2001년 어느 날 우리에게 맥가이버의 멋진 모습을 보여 준 까마귀 베티가 단서를 제공해 준다. 베티가 횃대에서 날아올라 일자 모양의 철사를 향해 가던 몇 초간을 상상해 보자. 베티의 머릿속에 다음과 같은 인간 언어 문장으로 번역할 수 있는

---

10. 1985년부터 1992년까지 미국 ABC 방송에서 방영된 인기 드라마 〈맥가이버〉의 주인공이다. 맥가이버는 칼 하나와 주변 사물을 이용해 악당에 맞서 싸우는 '맨손의 마법사'로 유명하다.

뇌 신호가 스쳐 지나가지 않았을까.

'일자 모양의 철사를 구부려 갈고리 모양으로 만들어야지. 그것을 이용하면 바구니에 든 고기를 꺼낼 수 있을 거야.'

좀 더 알아보자. '일자 모양을 갈고리 모양으로 구부려 만든 철사'는 '지시 대상'에 해당한다. '바구니에 든 고기를 꺼내는 데 쓰이는 도구'는 '개념'이다. 지시 대상과 개념은 말(단어)을 설명하는 핵심적인 개념으로, 사고 작용의 결과물에 해당한다. 베티 뇌 속에 더할 나위 없이 훌륭한 하나의 '생각'이 들어 있었다고 볼 수 있지 않을까.

생각하라, 말이 생길진저!

우리 시선을 다시 먼 과거의 조상 인류에게 돌려 보자. 최초로 말을 내뱉기 시작한 미지의 조상들에게 무슨 일이 일어나고 있었을까. '사고하는' 것처럼 보이는 동물들의 사례를 두루 살펴보았다. 베티 사례를 떠올리기 바란다. 사고는 언어 생성의 중요한 전제 조건이다. 과거 조상 인류들 또한 머리로 끊임없이 무엇인가를 생각했을 것이다. 상상의 날개를 펴 누나 루시와 동생 살렘이 살았던 세계로 날아가 보자.

어느 날 루시와 살렘은 동굴을 빠져 나왔다. 발걸음은 깊은 숲속을 향하고 있었다. 그곳은 낯설고 사나운 동물들이 득시글거렸다. 위험하지만 어쩔 수 없었다. 그들은 긴 걷기에 너무 자주 굶었다. 동굴 근처 나무에서 나는 자잘한 열매들밖에 먹지 못하였다. 가끔 커다란 검치劍齒 호랑이가 먹다 남긴 들소 뼈를 주웠다. 그걸 깨뜨려 골수骨髓를 빼먹었으나, 그런 일은 아주 드물었다.

살렘 손을 꼭 잡은 루시 머리는 온통 먹을거리에 대한 생각 뿐이었다. 어느 새 루시와 살렘은 깊은 숲속 양지 바른 곳에 이르렀다. 눈앞에 기다란 모양의 노란색 열매('바나나'라고 하자. 그들에게는 아직 '바나나'라는 '말'이 없다. 당연히 '과일'이라는 '개념'도 없다)가 주렁주렁 매달린 가지가 눈에 띄었다. 루시는 가지에서 열매 하나를 따 코에 갖다 댔다. 향긋한 냄새가 풍겼다. 난생 처음 맡아 보는 황홀한 향기였다. 껍질을 벗겨 한 입 먹었다. 맛이 좋았다. 잠시 후 동굴로 돌아가는 루시 남매 품에 는 노란 열매가 가득 안겨 있었다.

며칠이 지났다. 더는 숲에서 노란 열매를 얻을 수 없었다. 루 시는 살렘을 데리고 숲 반대쪽으로 난 길을 따라 나섰다. 바다 가 가까운 곳이었다. 그들은 운이 좋았다. 어느 나무 아래에 멈 춘 그들 눈앞에 조금 길쭉한 주먹 모양의 나무 열매('망고'라고 하자)가 바닥에 수북이 떨어져 있는 광경이 펼쳐졌다. 루시는 열매 하나를 집어 들었다. 숲에서 얻은 노란 열매보다 더 강렬 한 향기가 코를 간질였다.

순간 루시는 얼마 전 먹었던 기다랗고 노란 열매를 떠올리 며 주저하지 않고 열매 껍질을 벗겨 한 입 깨물었다. 노란 열매 보다 더 달콤하고 맛깔스러운 과즙이 입안을 촉촉하게 적셨다. 처음 향기를 맡으면서 머릿속으로 '예측한' 것과 크게 다르지 않았다. 잠시 후 맛있게 열매를 먹고 있는 루시 머리에 다음과 같은 '생각'이 조용히 자리 잡았다.

'줄기가 있는 큰 나무의 가지에 열리고, 달거나 신 맛이 있으며, 즙이 많은 열매는 먹기에 좋은 것들이군.'[11]

이렇게 정리해 보자. 루시는 바닷가 가까운 곳에서 망고를 처음 발견했을 때 그전에 본 바나나를 떠올렸다(기억). 곧이어 잘 익은 망고 열매가 내뿜는 강렬한 향기를 맡으면서 그것이 전에 먹은 바나나와 비슷할 것이라고 짐작하였다(추론). 마지막으로 망고의 맛을 음미하면서 머릿속에 어떤 '생각', 곧 바나나와 망고에 두루 적용될 수 있는 하나의 개념을 떠올렸다(범주화). 그 뒤 시간이 흐르면서 루시와 살렘의 후손은 조상들이 떠올린 개념을 가리키기 위해 '과일'이라는 이름을 붙였다(표현).

언어 생성과 관련한 완전한 사고 작용이 이와 같은 네 가지 단계, 곧 기억 → 추론 → 범주화 → 표현의 복합적인 과정을 거치면서 이루어진다고 가정해 보자. '표현'은 개념을 말로 나타내는 과정, 곧 '언어화'다. 그러므로 언어가 생성되기 위한 전 단계로서의 사고 작용은 '범주화'에서 마무리된다.

중요한 것은 기억, 추론, 범주화도 어떤 '생각'과 관련된다는 사실이다. 특히 범주화는 표현 대상의 관념적인 영상을 뇌 속 어딘가에 저장해 놓을 수 있게 되었다는 것을 뜻한다. 말하고자 하는 대상에 대해 추상적

---

11. 루시에게는 아직 말이 없다. 따라서 이런 '생각'은 감각적인 이미지로 이루어져 있었을 가능성이 높다.

인 개념을 갖는 것으로 이해할 수 있겠다. 그렇다면 '범주화'라는 개념은 달리 '말할거리'라고 지칭할 수 있다.

말은 인간의 것

동물이 무엇인가를 생각한다고 보는 관점은 타당성이 있는 듯하다. 앞서 소개한 베티나 그 밖의 동물 사례들이 구체적인 증거다. 과학자들의 연구 결과도 동물들이 인간처럼 생각하고 사고한다는 점을 두루 뒷받침한다.

그런데 동물이 인간의 언어를 완벽하게 배울 수 있다는 주장에 대해서는 선뜻 '그렇다'고 대답하기 힘들 것 같다. 앵무새 알렉스처럼 인간이 하는 말을 상당히 잘 알아듣고 따라 할 수 있는 경우가 있지 않으냐고 반문할 수 있겠다. 동물의 언어 습득에 관한 책을 두루 읽어 본 이라면 능청스럽게 거짓말을 했던 고릴라 '코코' 사례를 떠올릴 수도 있다.[12] 알렉스와 코코는 발성을 하지 못했을 뿐 인간의 말을 거의 완전하게 이해한 것처럼 보인다.

베티는 어떨까. 베티는 상황에 맞게 도구를 변형하여 자신의 목표를 달성하였으므로 수준 높은 사고 작용을 보여 주는 사례라고 해석할 수 있다. 사고 작용은 언어를 생성하는 과정에서 매우 중요하다. 진화는 아주 긴 시간 동안 천천히 이루어진다. 그렇다면 아주 먼 미래 세계로 가

---

12. '알렉스'나 '코코'의 사례는 동물의 언어 습득을 다루는 8장에서 자세히 다룬다.

면 생각하는 앵무새나 고릴라나 까마귀들이 인간처럼 언어를 구사하는 것을 볼 수 있지 않을까.

그런데 적어도 현재의 진화 단계에서는 사람만이 언어를 사용한다. 인간 이외의 동물들이 말을 배울 수 없다는 사실은 아주 자명하고 상식적인 사실에 기반을 둔다. 진화론적인 입장에서 볼 때 현재 단계에서 지상의 인간은 바닷속 돌고래가 될 필요가 없다. 바다에서 저주파 소리로 의사소통하는 돌고래들과 달리 인간은 인간 고유 언어로 의사소통을 한다.

숲과 정글에 사는 앵무새나 까마귀나 고릴라 역시 인간의 말을 배워야 할 어떤 이유도 없다. 앵무새와 까마귀가 날갯짓을 하는 데 인간의 말은 불필요하다. 고릴라는 인간의 말이 없어도 나무를 잘 탄다. 그들은 그들 나름의 '언어'만 있으면 된다. 그들에게는 인간의 말을 배워야 할 진화론적인 이유가 없다.

인간은 인간의 진화 과정을 따르고 돌고래는 돌고래의 진화 과정을 따른다. 물론 그 과정이 고도로 체계적인 진화 '설계도'를 따르는 것은 아니다. 모든 것은 '우연히' 이루어진다. 그 우연한 진화 과정에서 머릿속 '생각'을 지금과 같은 말로 바꾸려고 노력한 종은 인간뿐이었다. 그런 점에서 말은 인간의 전유물이다. 진화 과정에서 말을 만들어 내기 위해 몸부림을 친 생물 종은 인간밖에 없었다.

3.

최초의 생각은 어떻게 말이 되었을까?
_언어의 생성 단계

생각은 말이 아니다

우리는 매일같이 '생각'한다. 그중 특별히 중요하게 떠오르는 생각이 있으면 잊지 않기 위해 수첩이나 전화기 메모장에 적어 놓는다. 다른 사람에게 말을 걸고 싶게 하는 생각이 떠오르기도 한다. 가끔 머릿속에 순간적으로 언어화하는 생각들이 나타난다. 가령 파란 하늘을 보며 무심코 '하늘이 맑군.' 같은 문장을 떠올린다.

모든 생각이 그런 대접을 받는 것은 아니다. 언어의 옷을 입지 않고 망각의 늪과 무의식의 바다 깊은 곳으로 끊임없이 사라져 가는 생각이 훨씬 더 많다. 어떤 생각은 언어로 치장해 주고 싶지만 어울리는 말이 없어 그렇게 하지 못한다. 단순하거나 복잡한 시각 이미지, 어린 시절 동네 시장 어귀에서 맡은 튀김 냄새를 떠올려 보라. 나를 꼬옥 껴안아 주시던 할머니 품속의 따스함을 머릿속으로 느껴 보라. 이것들은 머릿속에 분명히 존재하지만 언어로 표현하기 힘든 생각들이다.

아주 먼 옛날 루시 후손들이 '과일'이라는 개념을 최초로 떠올린 세상으로 가 보자. 이들은 지금 말이 만들어지기 직전의 세상에 살고 있다. 이들에게는 대상이나 상황에 대한 '생각(개념)'이 있지만 아직 언어가 없다. 이들은 '생각'을 어떻게 다루었을까. 이들 머릿속에 든 '생각'들은 어떤 과정을 거쳐 말이 되었을까.

우리나라 진돗개와 북극 설원을 달리는 말라뮤트는 생김새가 딴판이다. 그런데 이들은 생물학적으로 '개'라는 말로 묶여 불리는 동일한 생물 종으로 분류된다. '개'를 통해 얻게 된 관념적인 심상, 곧 지시 대상의 범주화를 통해 형성한 공통의 개념 덕분이다.

'개'라는 말이 만들어지기 직전 세계로 거슬러 가 보자. 그때 조상 인류의 머릿속에 개들을 하나로 묶을 수 있는 어떤 관념적인 이미지가 꿈틀거리고 있었을 것이다. 물론 개념이 만들어졌다고 해서 곧장 말이 생겨났다고 할 수는 없다. 생각 자체가 말은 아니기 때문이다. 이는 루시에게 과일의 개념만 있었을 뿐 아직 '과일'이라는 소리로 불리는 말이 없었던 것과 똑같다. 그렇다면 개념, 곧 생각이 말로 이어지는 과정을 어떻게 설명해야 할까.

소리도 소리 나름

지구상에는 무리를 지어 사는 동물들이 많다. 이들은 적이 침범해 오는 위협적인 상황에서 경고 신호를 사용한다. 예를 들어 버빗 원숭이는 서로 다른 경고 신호로 독수리와 표범 등 천적의 공격을 동료들에게 알린다. 얼룩다람쥐는 18개의 경고 신호를 가지고 있다. 닭도 지상의 공격자와 공중의 공격자를 구별하는 경고 신호를 사용한다. 동물들이 천적

침팬지

의 위협에 대응하여 두 가지 이상의 경고 신호를 사용하는 것은 아주 일반적인 현상이라고 알려져 있다.

'팬트후트pant hoot'를 능숙하게 구사하는 침팬지의 사례나 단어를 사용하는 듯한 코끼리도 흥미롭다. 팬트후트는 침팬지가 '우후우후우후후' 하고 크게 외치는 소리를 말한다. 침팬지들은 멀리 있는 동료에게 의사를 전달할 때 팬트후트를 사용한다. 팬트후트는 침팬지 개체나 침팬지 무리에 따라 다르게 나타난다. 휴식, 식사, 이동, 과시 등과 같이 사용되는 상황도 다양하다.

코끼리는 고도로 사회적인 조직 생활을 꾸려 간다. 이들은, 한 무리에 속해 있지만 오랫동안 만나지 못한 동료를 만나 인사할 때 특유의 소리를 활용한다. 다양한 상황과 장면에 맞는 서로 다른 고유의 소리를 냄으로써 다른 코끼리와 메시지를 주고받는다. 이때 코끼리가 내는 소리는 일종의 '단어'와 같은 구실을 한다. '코끼리 사전'을 만들기 위해 연구 작업에 몰두하는 학자들도 있다고 한다.

무리를 지어 사는 동물들의 경고 신호나 침팬지의 팬트후트, 코끼리가 사용하는 '단어' 사이에는 공통점이 있다. 이들은 지시 대상과 개념과 임의적인 특정한 소리가 복합적으로 어우러져 있다. 예를 들어 버빗원숭이는 표범과 독수리(지시 대상)를 보면 그들이 천적(개념)임을 나타내기 위해 서로 다른 경고 신호(소리)를 낸다.

먼 옛날 머릿속에 개념을 형성한 우리 조상 인류도 최초의 말을 만들기에 앞서 이와 같은 원시적인 발성 시스템을 활용하지 않았을까. 루시와 살렘이 동굴 쪽으로 다가오는 들개 무리를 보는 광경을 상상해 보자. 그들이 '들개'를 가리키는 특정한 경고 소리를 외친다. 그들 머릿속에는 이미 '들개'의 개념이 자리 잡고 있다. 그렇다면 '들개'를 가리키면서 내는 그들의 경고 소리는 '들개'라는 단어의 원시적인 형태라고 할 수 있지 않을까.

루시와 살렘의 경고 소리를 원시적인 '단어'로 평가할 수 있는 이유가 무엇일까. 언어는 중요한 본질 중 하나로 자의성恣意性, arbitrariness[13]을 갖는다. 언어의 자의성은 형식으로서의 말소리와 의미에 해당하는 개념 사이 관계가 필연적이지 않음을 가리킨다. 루시와 살렘 머릿속에 있는

---

13. 언어의 자의성에 대한 자세한 설명은 12장에 나온다.

들개에 관한 개념과 그들이 함께 내지른 소리 사이 관계 역시 필연적이지 않다. 들개의 개념(내용, 의미)과 그것에 결합된 특정한 경고 소리(형식, 표현)는 우연히 결합되었다. 오늘날 우리가 쓰는 [개]¹⁴라는 소리와 현저하게 달랐을지라도 말이다.

우리 조상 인류가 내뱉은 여러 경고 신호는 오늘날 우리가 쓰는 말과 그 형태가 달랐을 것이다. 그러나 그것의 본질적인 기능이나 특성은 하나의 온전한 말과 흡사하였다. 개념과 소리가 자의적으로 결합되었으며, 그것들이 특정한 상황에서 하나의 단어처럼 사용되었다. 소리도 소리 나름이었던 것이다.

손 내미는 아기는 원시인?

경고 신호는 언어를 향한 우리 조상 인류의 발걸음에 커다란 진보를 가져왔으나 여전히 갈 길이 멀었다. 앞으로 나아가기 위한 또 다른 '징검다리'가 필요하였다.

1998년 아르빕Michael Arbip과 리촐라티Giacomo Rizzolatti라는 과학자가 '거울 뉴런Mirror Neuron'이라는 개념을 발표하였다. 거울 뉴런은 우리가 다른 사람을 흉내 내려고 할 때 점화되는 뇌 세포라고 한다. 이들은 거울 뉴런이 진화함에 따라 인간이 숙련된 모방자가 될 수 있었다고 주장하였다.

---

14. 대괄호('[ ]')는 그 안에 있는 말이 소리임을 나타낸다.

거울 뉴런은 언어 습득에서 중요한 구실을 한다. 우리가 발음과 단어를 반복해 말할 수 있는 것은 거울 뉴런 덕택이다. 인간은 거울 뉴런의 점화와 함께 말소리를 반복하고 모방하면서 언어를 더 쉽고 빠르게 익힌다. 아르빕과 리촐라티는 단어와 비슷하게 소리를 낸 우리 조상들에게 몸짓이 있어야 한다고 말하였다. 거울 뉴런은 사람 몸짓을 체계화하면서 말을 만들어 내는 토대를 마련하는 데 영향력을 행사한다.

몸짓이 언어가 출현하는 데 크게 작용한다는 사실은 과학적인 사실을 통해 뒷받침되고 있다. 이를 '브로드만 영역 44Brodamann's area 44'를 통해 알아보자. 브로드만 영역 44는 우리 뇌에서 언어를 담당하는 중요한 부위로 브로카 영역의 일부다.

2001년 칸탈루포Claudio Cantalupo와 홉킨스William Hopkins는 〈네이처〉에 브로드만 영역이 침팬지와 고릴라에게도 존재한다는 사실을 발표하였다. 그들은 침팬지와 고릴라의 브로드만 영역이 구조나 기능 면에서 인간의 그것과 유사하다는 사실을 밝혀내 많은 주목을 끌었다.

침팬지 같은 유인원은 브로드만 영역을 이용해 다양한 몸짓(동작)을 제어한다. 포획된 유인원은 의도적으로 어떤 사물을 가리킬 때 주로 오른손을 선호하는 경향을 보인다고 한다. 오른손은 좌우 대칭의 두뇌에서 브로카 영역이 있는 좌반구의 명령을 받아 움직인다. 칸탈루포와 홉킨스는 브로카 영역의 일부인 브로드만 영역 44가 눈앞에 있는 대상을 지시하는 능력을 제어할 수 있다고 보았다. 브로드만 영역 44 덕분에 몸짓을 통한 의사소통 능력을 발휘할 수 있다고 본 것이다.

더 흥미로운 사실이 있다. 유인원들은 손으로 무엇인가를 소통하고자 할 때 오른손을 선호한다. 이와 같은 경향은 유인원들이 지시 대상을 손으로 가리키는 몸짓과 소리를 내는 행위를 동시에 할 때 더 두드러지게 나타난다고 한다. 이것은 브로드만 영역 44가 특정한 소리를 동반한 몸짓과 관련이 있음을 강하게 암시하는 것으로 해석되었다.

유인원은 하나의 외침과 몸짓을 결합하여 서로 메시지를 주고받는다. 우리 조상 인류도 처음에는 단순히 원시적인 소리 신호뿐 아니라 몸짓을 함께 사용했을 것이다. 그런데 이것들만으로는 머릿속 생각을 명확하게 전달하기 힘들었을 것이다. 그 결과 우리의 조상 인류들은 원시 신호를 변형해 가면서 오늘날의 말에 가깝게 발화하기 시작했을 것이다.

아기들이 언어를 습득하는 과정을 보면 이와 같은 언어 발달 경로를 간접적으로 확인할 수 있다. 한창 성장하는 아기는 몸짓과 언어가 동일한 두뇌 영역에서 같은 시기에 발달한다. 아기들은 생후 10개월 즈음부터 몸짓으로 생각을 표현하기 시작하는데, 이때 아기들의 몸짓은 무언가를 가리키면서 달라고 하거나 옮겨 달라는 등의 요청형이 대다수라고 한다.

아기들은 14개월에서 22개월 사이에 몸짓과 말을 함께 사용하는 횟수가 크게 늘어난다. 돌을 갓 지난 아기들이 손으로 먹을 것을 가리키면서 "맘마" 하고 말하는 장면을 본 적이 있을 것이다. 이때 '맘마'라는 단어와 손으로 가리키는 몸짓은 결합되어 나타나면서 하나의 문장과 비슷한 기능을 담당한다.

추적의 종결자, 두뇌

정리해 보자. 최초의 언어는 개념을 형성하는 사고 능력과 원시적인 소리 신호와 거울 뉴런 시스템의 진화에 따라 나타난 몸짓 단계를 지나면서 세상에 출현하였다. 그런데 그 모든 단계에 또 다른 비밀스러운 과정이 동반되었다. 그것은 두뇌를 중심으로 하면서 발음 기관 속에 있는 몇몇 부위에서 동시다발적으로 일어났는데, 미국 매사추세츠 공과대학교에서 전기공학으로 석사 과정을 마친 뒤 언어학으로 전향한 필립 리버만Philip Lieberman, 1936~현재의 연구를 통해 밝혀졌다.

필립 리버만은 언어 생성과 변천의 요소로 두뇌 발달, 발성 기관의 진화, 사회 문화 사이의 상호작용을 들었다. 두뇌의 진화는 언어가 발생하는 데 필요한 가장 중요한 전제 조건이다. 두뇌와 언어 출현 사이의 상관관계는 인간이 머릿속으로 무언가를 추적하면서tracking 하는 행동 유형으로 설명된다. 리버만은 이를 위해 추적적 방식에 따라 만들어진 '르발루아Levalloisian'[15] 석기를 예로 들었다.

'추적적' 행동을 하는 인간은 행동에 필요한 모든 것을 종합적으로 고려한다. 행위의 구체적인 목표와, 그것을 위한 과정과 방법을 분석(추적)한다. 행동 전후에 고려해야 할 요소들이 많기 때문에 사고 과정이 다원적이고 복잡하게 펼쳐진다. 이 모두 일정 수준 이상의 두뇌 용량과 이를 바탕으로 하는 고차원적인 두뇌 활동이 없으면 힘든 일들이다.

추적적인 행동과 대립하는 것으로 '단선적' 행동이 있다. 단선적인 행

---

15. 독특한 모양의 몸돌 원석(原石)과 여기서 떼어낸 얇은 돌조각이 프랑스 파리 근교의 르발루아(Levallois) 지역에서 발견되어 붙여진 이름이다.

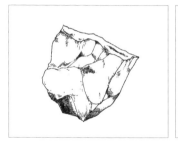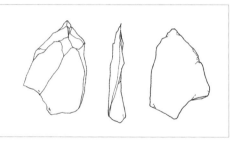

올도완 석기(왼쪽)와 르발루아 석기(오른쪽)

동을 하는 인간에게는 최종 목표가 중요하다. 중간 단계나 과정이 어떠한지는 별로 상관하지 않는다. 예를 들어 번식 과정에서 집단의 사회적 금기와 같은 제약을 고려하지 않고 아무하고나 교미를 하는 것은 단선적인 행동이다. 이런 곳에서는 교미 자체를 완수하는 일이 중요하다. 추적적인 행동을 할 때에는 근친상간의 금기와 같은 사회적인 제약을 기억(추적)해야 한다.

초기 구석기 시대 석기들은 단선적인 방식으로 만들어졌다. 원하는 모양을 지닌 돌덩이를 골라 모서리만 조금 다듬으면 충분하였다. 쪼아낸 돌조각 크기나 모양을 기억하고 있을 필요가 없었다.

초기 구석기 시대 찍개chopper 같은 것이 단선적인 방식으로 만들어진 석기였다. 찍개는 자갈 한쪽 끝을 다른 돌로 몇 번 쳐서 끝을 날카롭게 하여 만들었다. 고고학에서는 이와 같은 초기 구석기 시대 석기 제조 공정을 '올도완 기법Oldowan Technique[16]'이라고 부른다. 올도완 기법은

---

16. '올도완'이라는 이름은 '올두바이 협곡(Olduvai Gorge)'에서 나온 말이다. 탄자니아 북부 세렝게티 국립공원 동부에 있는 올두바이 협곡은 초기 인류 화석이 많이 나온 곳으로 유명하다. 고고학 명문인 리키 가문이 호모 하빌리스 화석을 발견한 곳이 여기에 있었다.

석기가 최초로 등장한 이후 100만 년 정도 기간에 걸쳐 활용되었다.

중기 구석기 시대인 50만 년 전에는 '르발루아 기법Levalloisian technique'이 등장하였다. 르발루아 기법으로 만들어진 얇은 돌 껍데기는 창촉이나 부싯돌로 쓰였다. 이 기법의 핵심은 제작자가 자신이 원하는 석기 크기와 모양을 미리 계획(추적)한다는 것이었다. 이러한 작업 방식은 비교적 짧은 시간에 많은 양의 석기를 만들어 낼 수 있게 해 주었기 때문에 매우 효율적이었다.

언어를 사용하는 일은 대표적으로 추적적인 행동 유형에 속한다. 우리는 단어들이 머릿속에 떠오르는 그대로 말을 하지 않는다. 원활한 의사소통을 위하여 대화가 이루어지는 맥락을 '분석'하거나, 이미 주고받은 말의 내용을 어느 정도 '기억'하고 있어야 한다. 이를 바탕으로 전체적으로 대화 시간이나 대화 내용을 조절하면서 말하기를 진행한다.

추적적 두뇌의 최초 산물이라고 평가받는 르발루아식 석기 제조법이 개발된 것은 약 50만 년 전인 초기 구석기 시대였다. 따라서 인류가 최초의 원시 언어를 사용하기 시작한 때는, 이 르발루아식 석기 제조법이 도입된 50만 년 전쯤을 최대 상한선으로 잡을 수 있을 것이다.

목구멍 속에 숨은 비밀

원숭이나 침팬지 같은 유인원들이 내는 소리는 획일적이고 단조롭다. 그런데 인간은 유인원들과 비교할 수 없을 정도로 아주 다양한 소리를 낼 수 있다. 이와 같은 차이가 어디에서 비롯되었을까. 리버만은 인간과 유인원의 발성 기관이 진화 과정에서 서로 달라지면서 차이가 생겨났다고 보았다.

먼 조상 인류는 현생 인류와 다른 점이 많았다. 조상 인류는 본격적으로 현생 인류로 진화하기 전까지 후두喉頭[17]가 목구멍 위쪽에 자리 잡고 있었다. 후두에는 허파에서 올라온 공기가 통과하는 성문聲門이 있다. 허파에서 올라온 공기는 성문 양 옆에 있는 성대聲帶의 도움을 받아 소리로 만들어져 목구멍을 빠져나간다. 사람은 후두와, 그 주변의 성문이나 성대가 없으면 소리를 자연스럽게 만들어 내지 못한다.

180만~190만 년 전의 호미니드인 호모 하빌리스까지는 후두와 성문과 성대 들이 목구멍과 가까운 위쪽에 자리 잡고 있었다. 그 결과 소리가 빠져나오는 구강(입속 공간)과 기관이 만들어 내는 소리 길 모양이 일자형이 되었다. 일자형 소리 길은 허파에서 올라온 공기가 관에 들어서자마자 순식간에 빠져나갈 수 있는 구조다. 그래서 호모 하빌리스 이전에 호미니들이 낸 소리는 단조로울 수밖에 없었다.

현생 인류가 가진 소리 길은 기역 자 모양이다. 목구멍 가까이에 있던 후두가 깊은 곳으로 하강하면서 성문을 중심으로 두 개의 공명관共鳴管이 휘어져 있는 듯한 모습을 갖게 되었기 때문이다. 그 덕분에 성문과 성대가 목구멍보다 아래쪽으로 내려가면서 폐에서 올라오는 공기를 다양한 소리로 변주할 수 있게 되었다.

소리를 만들어 내는 데에는 목구멍 깊은 곳에 있는 후두에서 뻗어나온 혀가 중요한 구실을 한다. 혀는 그 위치를 어떻게 잡느냐에 따라

---

17. 후두를 포함한 발성 기관 전체의 구조와 기능 등에 대해서는 5장을 보기 바란다.

구강과 인강의 상대적인 크기가 바뀌게 된다. 구강과 인강을 파이프 오르간의 파이프에 비유했을 때, 혀를 통해 파이프 길이가 달라지는 것과 같다. 혀를 위아래나 앞뒤로 움직이고, 오므리거나 길게 늘이며, 넓히거나 안으로 마는 과정에서 말소리가 서로 다르게 나오는 것도 이 때문이다.

아기들은 다양한 소리를 만들어 내지 못하고 날카롭게 빽빽거리는 듯한 소리만 낸다. 산부인과 신생아실에 있는 아기들 울음소리는 모두 비슷하게 들린다. 왜 그럴까. 포유류와 갓난아기는 후두와 비강이 곧장 연결되어 있다. 혀 또한 입속에 평평히 누워 있어 그다지 자유롭게 움직이지 못한다. 이런 구조 때문에 폐에서 나온 공기가 코로 곧장 빠져나가 버리면서 소리가 단순해진다.

아기들은 생후 3개월이 되면서 서서히 변하기 시작한다. 이 시기부터 후두가 목구멍 아래쪽으로 깊이 내려가고, 혀의 움직임이 상대적으로 자유로워진다. 그 결과 성인 말소리에 가까운 다양한 소리를 점점 더 많이 만들어 낸다. 갓난아기가 '진정한'(?) 인간[18]이 되는 데 최소 3개월이 필요한 셈이다. 침팬지나 오랑우탄과 같은 유인원에게는 이와 같은 변화가 일어나지 않는다.

---

18. 스와힐리어는 동아프리카 일대에서 가장 광범위하게 사용되는 아프리카의 대표 언어다. 이 언어에서는 아이가 태어나면 '사물'을 뜻하는 'ki-tu'라고 부르다가 말을 배우고 나서야 비로소 '인간'을 뜻하는 'm-tu'라고 부른다. 언어가 '인간 됨'의 중요한 조건임을 말해 주는 방증으로 볼 수 있지 않을까.

미지의 언어를 찾아서

인류와 유인원의 공통 조상은 지금으로부터 약 600만 년 전까지 살았다. 이 공통 조상에서 갈라져 나온 최초의 조상 인류가 이후 20여 종의 호미니드로 분화하였다. 현생 인류는 이들 20여 종의 호미니드 중 하나인 호모 사피엔스 종의 후손이다. 침팬지와 보노보는 인류의 출현과는 다른 계통을 밟아 500만 년 전쯤 출현한 종에서 분화한 존재들이다.

500만~600만 년 전 지구에는 인류 계통의 최초 조상들과 침팬지와 보노보의 공통 조상들이 함께 살고 있었다. 언어진화학자들은 이들이 모두 초보적인 사고 활동을 했다고 보고 있다. 앞에서 본 것처럼 사고 활동은 언어 출현의 중요한 전제 조건이다. 침팬지나 보노보도 얼마든지 언어를 발명하는 쪽으로 진화할 가능성을 갖추고 있었다고 볼 수있다.

그런데 언어를 갖게 된 종은 인류 계통의 최초 조상들의 피를 이어받은 현생 인류뿐이었다. 인간을 제외한 다른 유인원들은 언어를 찾아가는 여정을 알지 못하였다. 그 차이는 언제, 어떻게 생겨났을까.

4.

사람은 언제부터 말을 하였을까?
_언어의 역사

루시 누나는 유인원?

신장 107센티미터, 몸무게 28킬로그램, 25살, 여성. 앞서 소개한 루시의 신상명세서다. 루시로 대표되는 오스트랄로피테쿠스 아파렌시스 종은 330만 년 전쯤 동아프리카 일대에 살았다. 그들은 두 발로 걷긴 했지만 여러모로 원숭이와 비슷하였다. 키는 1미터가 조금 넘어 작았고, 그런 몸으로 약간 구부정하게 서서 길게 늘어진 두 팔을 흔들며 걸었다. 그들은 영락없이 '털 없는 원숭이'처럼 보였다. 실제 루시의 두개골은 인류보다는 침팬지에 가까웠다.

다른 점도 있다. 루시의 송곳니는 다른 유인원보다 눈에 띄게 작았다. 다리뼈나 골반 뼈도 크기나 모양이나 몸통 부위와의 상대적인 비례를 따졌을 때 인간과 더 많이 닮았다. 그래서 루시는 자연스럽게 모든 현생 인류의 어머니 대접을 받았다.

유인원은 아주 잠시만 두 발을 이용할 뿐 대개 네 발을 이용해 이동한다. 루시는 두 발로 걸었는데, 이는 매우 놀라운 사실이었다. 자유롭게 움직일 수 있는 나머지 두 개의 발, 곧 손을 이용하여 좀 더 정교한

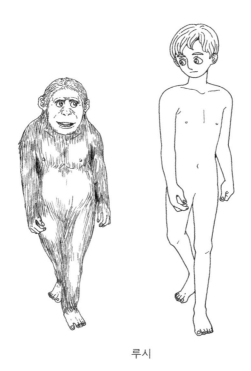

루시

행동을 할 수 있게 되었기 때문이다. 뾰족한 도구를 사용하여 짐승의 살을 바르고, 뼈를 부숴 척수를 빼내 먹은 것도 두 손이 자유로워진 덕분이었다.

　루시가 속해 있는 오스트랄로피테쿠스 아파렌시스 종은 고열량 육식 식단을 통해 점차 덩치가 커지면서 두뇌 용량이 자연스럽게 늘었다. 오스트랄로피테쿠스 아프리카우스Australopithecus Africaus는 오스트랄로피테쿠스 아파렌시스 종과 거의 같은 시기에 출현하여 동아프리카 일대에서 살았는데, 이들의 두뇌 용량은 루시 종과 마찬가지로 400~500cc 정도였다.

두뇌 크기는 인간 언어의 출현과 밀접하게 관련되는 요인이다. 루시의 두뇌는 아직 본격적으로 말을 할 만한 크기를 갖추지 못하였다. 언어 능력에 관한 한 루시는 오늘날 침팬지나 보노보와 별다른 차이가 없었을 것으로 보인다.

루시 시대에서 약 100만 년이 흐른 250만 년 전에 호모 하빌리스 Homo Habilis가 출현하였다. 이 시기 아프리카는 급격한 기후 변화를 맞이하고 있었다. 날씨가 건조하고 서늘해지면서 열대우림이 줄어들었고, 그렇게 숲이 사라진 자리에 넓은 초원이 들어섰다.

자연 변화는 그곳에서 살아가던 조상 인류들에게 위기이자 기회로 다가왔다. 루시가 속한 오스트랄로피테쿠스 아파렌시스 원인에게는 위기였다. 그들은 작은 키 때문에 드넓은 평원에서 먹이를 찾는 일이 쉽지 않았다. 이들보다 팔다리가 길어 현대 인류에 좀 더 가까웠던 호모 하빌리스에게는 자연 변화가 좋은 기회가 되었다. 그들은 더 커진 키를 이용하여 드넓은 평원의 언덕바지에 서서 대형 육식 동물들이 남긴 먹이를 손쉽게 찾을 수 있었다.

호모 하빌리스 원인들은 약 150만 년 전쯤에 전성기를 맞이하였다. 이 시기 호모 하빌리스 원인들은 돌을 깨뜨려 만든 뗀석기chipped stone implement를 사용했을 정도로 손재주가 남달랐다. '도구를 사용하는 사람'이라는 뜻의 '호모 하빌리스'가 여기서 생겨난 이름이다. 이들은 돌망치와 같은 석기를 만들어 썼으며, 집터나 석기 저장소로 짐작되는 장소를 남겼다.

무엇보다 이들은 불을 이용할 줄 알았던 최초의 원시 인류였다. 불은 이들에게 사나운 짐승과 거센 추위 등을 이겨 낼 수 있는 막강한 힘을 가져다주었다. 이들은 루시 종족보다 나은 생존 조건 아래서 살았다.

오스트랄로피테쿠스 원인에서 증가하기 시작한 두뇌 용량은 호모 하빌리스 종에 이르러 더 크게 늘어났다. 이들의 두뇌 용량은 오스트랄로피테쿠스보다 100cc 이상 늘어난 600~750cc에 달하였다. 이들이 정교한 도구와 불을 이용할 수 있게 된 데도 늘어난 두뇌 용량이 큰 도움을 주었을 것이다.

호모 하빌리스에 속하는 조상 인류들은 두뇌 크기가 커지고, 점점 더 많은 고기를 먹게 되면서(또는 먹기 위해서) 말을 하기 위한 기나긴 진화 과정을 본격적으로 거치기 시작하였다. 이들은 늘어난 두뇌 용량 덕분에 그 이전 조상들보다 더 많은 것을 생각할 수 있게 되었다.

생각을 통한 활발한 사고 활동은 두뇌에 적지 않은 변화를 가져왔다. 호모 하빌리스 종에 이르러 좌뇌 측두엽 근방에 있는 브로카 영역 Broca's area[19]이 커졌다. 브로카 영역은 인간의 언어 활동과 관련해서 매우 중요한 부위였다. 말을 하는 것은 우리가 발음 기관을 움직여서 하는 '운동'과 같은데, 그런 말하기 능력을 관장하는 운동성 언어 중추가 바로 이 브로카 영역이었다. 그러나 아직 말을 제대로 할 수 있는 정도는 아니었다.

---

19. 인간의 언어 능력과 관련된 대표적인 두뇌 영역에는 브로카 영역 외에도 베르니케 영역 (Wernicke's area)이 있다. 이들은 7장에서 자세히 설명한다.

숨통에 말소리를 넣어라

호모 에르가스테르Homo Ergaster('일하는 사람'이라는 뜻)는 약 180만
~190만 년 전 사이에 호모 하빌리스 종에서 갈라져 나온 원인이었다.
호모 네안데르탈렌시스나 호모 사피엔스 같은 후기 호미니드의 직접적
인 조상으로 인정받는 이들 원인은 호모 하빌리스보다 더 발전한 석기
를 사용하였다. 화덕을 만들어 활용했을 정도로 도구 제작 및 활용 능
력이 탁월하였다.

호모 에르가스테르 원인의 언어 능력은 어떠하였을까. 호모 하빌리스
와 마찬가지로 호모 에르가스테르는 흉부 영역의 뼛속에 척수脊髓[20]가
지나는 작은 통로 구멍이 있었다. 이 통로 구멍의 크기는 오늘날 영장류
동물과 같고 현대 인간보다 작았다.

호모 에르가스테르의 흉부 뼛속에 있는 통로에는 숨을 내쉴 때 사용
되는 근육을 제어하는 신경 조직이 지나갔다. 그런데 통로 구멍 크기가
지나치게 작아서 신경 조직이 충분히 발달하지 못하였다. 그 결과 호
모 에르가스테르 원인은 말을 하는 데 필수적인 날숨을 제대로 제어할
수 없었다. 말소리가 숨통으로 지나갈 만한 여건을 아직 갖추지 못한
것이다.

물론 호모 하빌리스와 호모 에르가스테르 원인들이 말을 했을 가능

---

20. 척추의 구멍이 이어져서 이루어진 관을 '척주관(脊柱管)'이라고 하는데, 이 척주관 속에
있는 중추 신경 계통 부분을 일컫는다. 길이는 약 45센티미터이고 원기둥 모양이며, 위쪽
은 머리뼈 안의 숨뇌로 이어진다. 숨뇌는 호흡과 같은 주요 생명 기능을 담당하는 기관이
다. 따라서 척수 통로의 세포 조직이 어느 정도로 발달했는가 하는 것은 언어 능력뿐 아니
라 생명 유지 능력 그 자체와도 관련된다는 점에서 매우 중요하다.

성도 있다. 브로카 영역이 그 이전 시기보다 더 커져 있었다는 사실이 강력한 증거다. 하지만 이들이 오늘날 우리가 내는 것과 같은 소리를 만들어 내기까지는 더 많은 신체 기관의 진화가 필요하였다. 루시에서 호모 에르가스테르에 이르기까지 호미니드들은 발음 기관을 활용한 언어 능력이 유인원과 크게 다르지 않았다.

50만 년에서 180만 년 전 사이에 호모 에렉투스Homo erectus라고 불리는 호미니드가 출현하였다. 고고인류학 교과서에서 호모 에렉투스 원인들은 계란형의 작은 머리, 튀어나온 이마와 눈썹 뼈, 직립 등으로 묘사된다. '호모 에렉투스'라는 이름 자체가 '직립하는 사람'을 가리킨다.

인류의 평균 신장은 호모 에렉투스에 이르러 크게 늘었다. 호모 에렉투스 종의 하나인 북경 원인처럼 키가 150~160센티미터 사이로 그다지 크지 않은 경우도 있었지만, 케냐에서 발견된 호모 에렉투스 종의 소년 화석은 키가 165센티미터로 상당히 큰 편이었다. 이는 오늘날 성인으로 치면 170~180센티미터 정도에 해당하는 신장이라고 한다. 전체적으로 커진 키와 목 아래 부분의 형상으로 인해 호모 에렉투스의 전체적인 외양은 현대 인류와 아주 흡사해졌다.

호모 에렉투스는 원시 인류 중 최초로 정교한 대칭 모양의 손도끼를 만들어 사용하였다. 호모 하빌리스도 돌망치를 만들어 쓰기는 했지만 사냥용으로 쓰기에는 역부족이었다. 상대적으로 날카로운 날이 있는 손도끼에 비해 힘이 떨어졌다. 반면 호모 에렉투스가 만든 정교한 손도끼는 매우 강력한 힘을 발휘하였다. 그들은 손도끼를 이용하여 매머드 Mammoth 같은 초대형 포유동물까지 사냥하였다.

호모 에렉투스 원인은 손도끼 사냥으로 잡은 대형 동물들을 고열량 단백질 식량으로 이용하였다. 그와 같은 풍성한 육식 덕분에 호모 에렉투스는 몸에 여분의 에너지를 저장할 수 있었다. 고인류 연구자들은 이 시기에 크게 늘어난 인류의 두뇌 용량이 그러한 여분의 에너지 덕분이라고 보고 있다. 호모 에렉투스의 두뇌는 이 시기에 최소 800cc에서 최대 1000cc까지 늘어났다.

호모 에렉투스는 이주와 정착을 통해 자신들의 거주지를 확장시킨 최초의 호미니드였다. 이들이 최초로 출현한 아프리카를 벗어나 정착한 땅은 인도네시아 자바와 중국 북경 등 유라시아 전체에 걸쳐 있었다. 일종의 집단 이주가 이루어진 것이다. 연구자들은 이와 같은 집단 이주의 밑바탕에 고도로 복잡한 사회 조직과 이를 위한 언어 사용 등이 깔려 있었을 것이라고 짐작하고 있다. 월리스선Wallace Line을 놓고 벌어진 논란을 통해 이 점을 자세히 알아보자.

월리스선은 영국 박물학자 월리스A. R. Wallace가 제창한 것으로, 생물의 분포에 따라 아시아 구와 오스트레일리아 구를 나누는 가상의 경계선을 가리킨다. 인도네시아 발리섬과 롬보크섬 사이에서 보르네오섬과 술라웨시섬 사이로 그어지는데, 동쪽이 아시아 구고 서쪽이 오스트레일리아 구에 해당한다.

오늘날 동물지리학계에서는 월리스선을 한물간 이론으로 취급한다. 그런데 주요 동물 집단의 분포는 이 선을 따라 명확하게 구별된다고 한다. 그래서 생물 분포의 경계선을 살피는 데 여전히 유효한 도구로 쓸 수 있다.

1997년 이전까지 고고인류학계는 호모 에렉투스가 월리스선을 넘을 수 없었을 것이라는 전제를 정설처럼 받아들였다. 그러다 1997년에 놀라운 발견이 있었다. 월리스선을 넘어 롬보크섬 동쪽에 있는 플로렌스섬에서 호모 에렉투스의 것으로 보이는 석기와 사냥한 동물의 뼈가 무더기로 세상에 나타난 것이다.

연구자들은 호모 에렉투스가 월리스선을 넘었다는 사실에 깜짝 놀랐다. 이들이 이동한 공간은, 해수면이 가장 낮았던 시기를 고려하더라도 너비가 무려 17킬로미터나 되는 해협이었다. 그 정도 너비의 해협을 건너려면 적어도 나무 뗏목 정도는 있어야 한다. 호모 에렉투스 원인은 그런 뗏목을 만들어 해협을 건널 수 있었을 정도로 고도로 조직적인 무리를 이루었을 가능성이 높았다.

그때까지 호모 에렉투스는 언어가 발달하지 못하고 지능이 부족해 월리스선을 절대 넘을 수 없었을 것이라는 평가를 받고 있었다. 그러나 1997년의 발견으로 호모 에렉투스에 대한 왜곡된 평가는 보기 좋게 깨졌다. 무엇보다 그들이 상당한 수준의 언어를 구사하고 있었을 가능성이 아주 높아졌다. 일부 연구자들은 인류 조상들이 약 90만 년 전 호모 에렉투스 종에 이르러 발음이 비교적 분명한 말을 할 수 있었다고 보기도 한다. 각 개인을 구별하기 위해 이름을 사용했을 것이라고 추정하는 연구자들도 있다.

호모 로쿠엔스 납시오

호모 네안데르탈렌시스Homo Neanderthalensis는 30만 년 전에서 23만 년 전 사이에 나타난 인간 종이었다. 이들은 '네안데르탈인'으로도 불리는데, 이는 "네안데르 계곡의 지혜로운 사람"이라는 뜻이다. 일부 고고학자는 호모 네안데르탈렌시스를 호모 하이델베르겐시스Homo Heidelbergensis에서 함께 분화한 호모 사피엔스의 사촌뻘[21] 조상으로 보기도 한다.

호모 네안데르탈렌시스 원인은 최초 출현 후 주로 유럽 전역과 서부 아시아 일대에 퍼져 살았다. 이들은 강력한 무기를 쓰는 방식이 아니라 치밀하게 계획을 세우고 서로 힘을 합치는 방식으로 사냥을 하였다. 후대에는 석기를 만들어 사용하는 능력이 발달하여 돌창으로 코뿔소와 같은 거대한 포유류를 잡았다.

네안데르탈인의 최후 생존자는 지구에서 2만 8000년 전쯤에 사라졌다고 한다. 고인류학자들은 그들이 과거 그 어떤 호미니들보다 정교하고 발달한 문화를 이루었다고 본다. 이와 같은 주장은 호모 네안데르탈렌시스 원인이 좀 더 진화한 형태의 언어를 사용했을 가능성을 함축한다. 실제 그들은 정교한 도구를 만들었고, 무리를 지어 체계적인 사회생활을 꾸려 나가는 등 발전된 사회상을 보여 주었다.

최근에 나온 한 가설도 이와 같은 견해를 뒷받침한다. 설골舌骨[22]은 아래턱뼈와 후두 연골 사이에 있는 혀뿌리에 붙어 있으면서 후두를 지탱하는 뼈를 말한다. 그런데 지금부터 약 6만 년 전에 산 호모 네안데르탈렌시스 원인에서 현생 인류의 설골과 일치하는 부위가 발견되었다. 이를 근거로 이들이 후기 호모 사피엔스처럼 유창하게 말을 할 수 있었다는 주장이 제기되었다. 이 주장에 따른다면 호모 네안데르탈렌시스 종이

---

21. 일부에서는 호모 네안데르탈렌시스를 호모 사피엔스의 변이종으로도 본다.
22. '목뿔뼈'라고도 불린다.

살았던 시기를 진정한 호모 로쿠엔스Homo Loquens(말하는 인간)의 출현기로 볼 수 있다.

뉴질랜드 언어학자 스티븐 로저 피셔Steven Roger Fischer도 40만 년 전에서 30만 년 전 사이에 호모 네안데르탈렌시스가 유럽에 나타나면서 거의 완전한 문장을 만들 수 있게 되었다고 보았다.[23] 그는 심지어 문장이 만들어진 최초의 시기를 호모 에렉투스가 살았던 100만 년 전까지 거슬러 올라갈 수 있다고 본다. 그 근거로 기후 변화에 따른 먹을거리와 주거지의 변화로 인해 두뇌 용량이 커졌다는 점을 들었다. 실제 인류의 두뇌 용량은 호모 하빌리스를 이은 호모 에르가스테르에 이르러 900cc를 넘긴 후 호모 에렉투스 시기에 1000cc를 넘었다.

현생 인류의 직접 조상인 호모 사피엔스는 짧게는 20만 년 전에서 길게는 50만 년 전쯤 최초로 출현하였다. 그 뒤 말을 하는 데 필요한 완벽한 신체 구조를 갖춘 호모 사피엔스가 약 15만 년 전에 아프리카와 중동 등지에 등장하였다. 오늘날 우리와 동일한 현대적인 호모 사피엔스 종은 12만 년 전쯤에 나타났다. 이들은 높고 평평한 이마와 거의 보이지 않는 눈썹 뼈, 약간 돌출된 턱뼈 같은 현생 인류의 모습을 두루 갖추고 있었다.

호모 사피엔스 화석은 남부 아프리카와 에티오피아에서만 발견되었다. 남아프리카공화국 이스턴 케이프Eastern Cape주의 클라시스Klasies강 동굴에서는 6만 년 전에서 12만 년 전 사이에 살았던 호모 사피엔스의

---

23. 호모 네안데르탈렌시스 종은 9만 년 전 이후부터 초기의 호모 사피엔스 종과 서로 밀접한 영향을 주고받으면서 함께 살다가 점차 호모 사피엔스에게 세력이 밀리면서 소멸하였다. 일부에서는 이러한 소멸의 원인을 호모 네안데르탈렌시스 종에게 언어가 없었던 데서 찾는다.

유물들이 발견되었다. 이 동굴에 산 주인들은 창으로 거대한 버팔로를 잡아먹고, 미술과 음악을 즐겼으며, 장례 의식을 치렀다고 한다. 이들은 오늘날 우리가 문명이라고 부를 만한 삶의 방식을 거의 모두 갖추고 있었다.

호모 사피엔스는 3만 5000년에서 4만 년 전 사이에 그때까지 생존해 있던 호모 에렉투스와 호모 네안데르탈렌시스 원인들을 대체하면서 인류 문화를 크게 발달시켰다. 이 시기 호모 사피엔스는 동물 뼈와 상아, 돌과 나무에 그들 자신이나 동물 모습, 기하학적인 상징 기호 들을 새겨

동굴에 그림을 그리는 호모 사피엔스

넣어 공예품을 만들었다. 이와 같은 '상징의 삶'은 1만 5000년 전쯤 라스코 동굴의 벽에 거대한 들소 그림이 그려지던 구석기 시대에 이르기까지 폭발적으로 발전하였다.

3만 5000년 전쯤부터 호모 사피엔스가 쓰기 시작한 말들은 그들의 까마득한 조상인 루시나 호모 에렉투스의 말과 질적으로 전혀 달랐다. 루시나 호모 에렉투스 원인의 말은 명료하지 않은 단순한 소리나 신호음에 가까워 침팬지의 팬트후트나 고릴라의 경고 소리와 비슷하였다. 반면 호모 사피엔스의 말은 늘어난 두뇌 용량과 완벽한 발성 체계에 힘입어 아주 체계적이고 완벽한 모습을 띠었다.

언어의 발달은 호모 사피엔스 원인의 사회 구조를 더욱 복잡하게 만들었다. 호모 사피엔스의 두뇌는 그러한 복잡한 사회 구조에 발맞추기 위해 더욱 커졌다. 그때부터 언어 발달이 사회 구조의 변화를 견인하고, 그렇게 변화한 현실에서 살아남기 위한 적응 과정에서 두뇌 용량이 커지는 순환 시스템이 지속적으로 반복되었다.

육식 혁명

인간의 언어는 100만 년 전에 호모 에렉투스가 아주 짧은 발화를 시작한 이래 수십만 년을 거쳐 오면서 서서히 발달하였다. 그 밑바탕에 두뇌 용량의 증가와 발성 기관의 발달이 있었다. 두뇌 용량은 현생 인류에 가장 가까운 조상인 호모 사피엔스에 이르러 최대 1400cc까지 커졌다. 700만 년 전 원시 유인원에서 갈라져 나온 사헬란트로푸스 차덴시스Sahelanthropus tchadensis[24]에서 호모 사피엔스에 이르는 동안 우리 조상 인류의 두뇌는 최대 세 배 이상 커졌다.

오늘날 사람 두뇌는 현존하는 대형 유인원의 두뇌 용량보다 두세 배 정도 더 크다. 연구자들은 이와 같은 용량 증가가 지구에 사는 다른 생물 종에서는 찾아보기 힘든 놀라운 진화 사례라고 말한다. 이렇게 큰 두뇌는 어디에서 비롯되었을까. 인간의 두뇌가 이렇게 크다는 사실은 어떤 의미를 담고 있을까. '털 없는 원숭이(인간)'의 식생활과 '대뇌비율지수Encephalization Quotient; EQ'라는 개념을 통해 알아보자.

'털 없는 원숭이'의 최초 주자 중 하나인 루시는 나무 열매나 껍질을 주로 먹었다. 가끔 동물을 사냥했으나 덩치가 작았다. 6살짜리 아이와 비슷한 1미터 정도 되는 작은 키로 큰 동물을 사냥하기는 힘들었을 것이다. 루시가 속한 오스트랄로피테쿠스 아파렌시스 원인들은 단지 약간의 몸짓 언어를 사용하였고, 웅얼거림이나 비명이나 한숨 소리 정도를 냈다.

본격적으로 육식을 한 주인공은 호모 하빌리스와 호모 에르가스테르였다. 육식 위주 식단은 초식 식단에 비해 더 많은 에너지를 여분으로 저장할 수 있게 해 준다. 고인류학자들은 그와 같은 여분의 에너지가 머리로 보내지면서 두뇌 용량이 크게 늘어났다고 본다. 호모 하빌리스 시대 이후 널리 사용된 불 또한 호모 에렉투스 시대부터 늘기 시작한 두뇌 용량 증가에 힘을 보탰다. 두뇌는 단백질로 구성되어 있는데, 단백질은 날고기보다 익힌 고기를 통해 더 쉽게 섭취할 수 있다.

---

24. 중앙아프리카 차드에서 발견된 약 700만 년 전의 초기 인류 화석이다. 차드어인 '사헬란트로푸스 차덴시스'라는 이름에는 '삶의 희망'이라는 뜻이 담겨 있다.

호모 하빌리스나 호모 에르가스테르가 육식을 하게 된 데는 기후 변화 탓이 크다. 많은 고인류학자가 원시 인류의 고향으로 보는 아프리카는 250만 년 전부터 지속적으로 메말라 갔다고 한다. 그 결과 숲이 점점 줄어드는 대신 드넓은 초원이 늘어났다. 나무 열매나 뿌리와 같은 것을 먹으며 채식 위주 식단을 유지하던 조상 인류들에게는 그러한 변화가 달갑지 않았다. 채식의 주식단인 나무 열매나 껍질이나 뿌리는 풀밭보다 숲에서 더 쉽게 구할 수 있었다.

먹이를 구하는 일이 갈수록 어려워졌다. 설상가상으로 당시 숲속은 인류의 먼 친척인 파란트로푸스Paranthropus[25]가 지배하고 있었다. 그들은 오늘날 고릴라 크기의 25퍼센트 정도에 지나지 않을 정도로 작았으나 고릴라에 버금가는 큰 이빨로 나무껍질이나 식물 뿌리를 왕성하게 먹어 치웠다. 그들이 먹는 식량은 당시 우리 조상 인류의 먹을거리였다.

치아가 그다지 발달하지 않은 조상 인류들이 먹이 구하기 경쟁에서 숲속 지배자들에게 밀렸다. 그들은 새 먹을거리를 찾아 나섰는데, 자신들보다 빠르고 힘이 센 동물이 사냥해서 먹다 남긴 고기를 구해 먹는, 의외로 손쉬운 해결책을 찾았다. 인간의 본격적인 육식은 생존을 위한 불가피한 선택에서 비롯된 면이 컸다.

육식 혁명은 단순한 생존 이상의 결과를 가져왔다. 먼저 두뇌 용적이 늘어나고 덩치가 커졌다. 호모 하빌리스 시대까지만 하더라도 조상 인류의 키는 1미터 전후로 아주 작았다. 그러다 호모 에렉투스 시기에 이르러 170센티미터를 넘는 훤칠한 키를 갖게 되었다. 150만 년 전쯤에는 기

---

25. 그리스어로 '너머'를 뜻하는 'para'와 '인류'를 가리키는 'anthropos'가 결합된 말이다. 일부에서는 이들이 오스트랄로피테쿠스 종이라고 본다.

름진 고기 음식을 소화할 수 있는 단백질 유전자도 생겨났다. 우리 조상 인류는 더 커진 두뇌를 써서 '말다운 말'을 구사할 수 있는 조건을 갖추었다.

만물의 영장은 돌고래?

'두뇌가 크다'는 말을 어떻게 해석해야 할까. '큰 두뇌=많은 생각=높은 지능, 작은 두뇌=적은 생각=낮은 지능'의 등식으로 정리할 수 있는 해석법을 보자. 지구에 사는 동물들 중 가장 큰 두뇌를 가진 동물은 고래다. 고래 두뇌는 최대 1.5킬로그램을 넘지 않는 사람 두뇌에 비해 6배나 무거운 9킬로그램이다. 꿀벌과 같은 곤충들은 두뇌 크기가 핀 머리 정도에 무게가 1밀리그램에 불과하다.

그런데 그렇게 큰 두뇌를 가진 고래는 '어리석게도' 어지간한 초등 6학년 학생이면 다 아는 수학 분수식을 이해하지 못한다. 꿀벌은 그렇게 작은 두뇌를 가지고 있지만 '영리하게도' 8자 춤을 춰 동료들에게 꿀에 관한 갖가지 정보를 알려 준다. 두뇌의 '절대적인' 크기가 지능 수준에 결정적인 영향을 미치는 요인이라면 있을 수 없는 일들이다.

두뇌 크기가 지능을 좌우한다면 세상에서 머리가 가장 똑똑한 '만물의 영장'은 고래가 차지해야 한다. 그러나 세기적인 천재 과학자 아인슈타인의 두뇌는 보통 남자들보다 크지 않았다. 이런 사실은 두뇌 크기가 반드시 인간의 지능에 절대적인 영향력을 행사하지 않는다는 점을 말해 준다.

고래

두뇌 크기가 지능에 미치는 영향력은 상대적이다. 극적인 사례가 있다. 2003년 인도네시아 플로레스Flores 섬에서 호모 플로레시엔시스Homo Floresiensis 원인 화석이 발견되었다. 키가 1미터 남짓밖에 되지 않는 '난쟁이' 인류였다. 호모 사피엔스가 살았던 2만 5000년 전쯤 생존한 이들은 두뇌 크기가 침팬지와 비슷한 400cc에 불과했으나 정교한 화살촉과 돌칼 등을 만들어 쓸 줄 알았다. 이는 두뇌 용량이 1400cc에 이른 호모 사피엔스의 도구 제작 기술과 큰 차이가 없었다.

연구자들은 '두뇌가 크다'는 것을 상대적인 관점에서 해석한다. 먼저 이들은 지능과 두뇌 크기 사이에 성립하는 단순한 대응 관계에 의문을 표시한다. 이 의문에 답하기 위해서 만들어진 개념이 '대뇌비율지수 Encephalization Quotient', 곧 '이큐EQ'였다. 이큐는 신체 크기(체중)를 기준으로 한 두뇌 무게의 상대적인 비율을 수치화한 것으로, 동물들의 지능을 상대적으로 평가할 때 쓰이는 개념이다.

대뇌 비율을 측정하면 인간은 지수가 7.44점으로 동물계에서 압도적인 1위를 차지한다고 한다. 고래류는 1~5점 사이에 두루 걸쳐 있는데, 그중 청백돌고래가 4.2로 비교적 높게 나타난다. 일부에서는 기나긴 진화 여정에서 인간이 가장 높은 이큐를 가지게 된 것이 길어 봐야 200만 년을 넘지 않는다고 본다. 그렇다면 아주 먼 옛날에는 인간이 아닌 다른 의외의 생물 종이 만물의 영장 자리를 차지하고 있었을지 모른다.

인간의 이큐가 특별히 높은 까닭이 어디에 있을까. 평균적으로 모든 영장류의 이큐는 다른 포유류에 비해 적어도 두 배 이상 높다고 한다. 진화학자들은 그 이유를 자연 선택의 결과로 설명한다. 우리가 자연 환경에 적합한 방향으로 진화하면서 두뇌 크기가 커졌다는 것이다.

이와 다른 설명도 있다. 영장류의 두뇌가 다른 종보다 특별히 더 커진 것이 아니라, 단지 그 신체 크기가 조금씩 더디게 늘어나면서 이큐 수치가 높아졌다는 것이다.

실제 영장류의 신체와 두뇌 성장률을, 다른 포유류의 그것들과 비교해 보면 흥미로운 결과가 나온다고 한다. 영장류의 두뇌는 진화 역사가 비슷한 여타의 동물과 같은 궤적을 따라 발달하는 반면 영장류의 신체는 다른 동물보다 느리게 성장한다. 그 결과 이들의 덩치가 상대적으로 작아지면서 두뇌 크기가 상대적으로 커졌다.

일찍이 호모 네안데르탈렌시스 시대부터 인류가 문장을 만들어 쓰기 시작했다고 주장한 스티븐 로저 피셔는 1만 4000년 전의 호모 사피엔스가 이미 수천 개의 언어 집단으로 분화하여 전 세계적으로 수백 개의 어족을 형성하고 있었다고 보았다. 물론 우리가 살펴본 것처럼 조상 인류들은 완전한 언어를 갖기 위해 그 사이 수백만 년 동안 기나긴 여정을 거쳐 왔다. 그것은 500만~700만 년 전 사이에 원시 유인원에서 최초의 호미니드가 분리되어 나온 이래 한시도 쉬지 않고 계속되었다.

그 사이 우리 조상 인류는 몸짓이 가미된 원시적인 경고 신호와 불분명한 웅얼거림을 내는 단계를 거쳤다. 두뇌가 점점 커지고 후두가 목 깊은 속으로 내려앉는 등 발성 기관의 진화 과정이 이어졌다. 척수가 지나는 뼛속 통로도 숨을 제어하기 충분할 정도로 넓어졌다. 그러다가 어느 순간, 오늘날 우리가 '말'이라고 부르는 것과 아주 흡사한 어떤 소리가 만들어졌을 것이다.

5.

말소리는 어떻게 만들어질까?
_말소리의 생성 과정

모음 'ㅏ'의 특별한 취향

당신은 지금 엄마가 차려준 따뜻한 집밥이 먹고 싶다. 집에 도착하자마자 엄마에게 말한다.

"엄마, 밥."

'밥'은 두 개의 'ㅂ' 자음과 한 개의 'ㅏ' 모음으로 이루어진다. 이들 자음과 모음에 담긴 소리 이미지를 하나하나 머릿속에 떠올려 보자. 그리고 당신이 이 문장에 있는 '밥'을 어떻게 발음했는지 생각하면서 '밥'이라는 말을 다시 천천히 내뱉어 보자.

"ㅂ~아~압!"

'밥'의 첫 번째 'ㅂ' 소리를 내기 위해 당신은 위아래 입술이 서로 애틋해할 정도로 살짝 맞닿게 한 뒤 곧장 두 입술을 떼면서 적당한 소리를 밖으로 내보내야 한다. 얇은 종이를 입술 가까이에 댔을 때 바람이 거의 일지 않을 정도면 된다. 바람이 일어 종이가 흔들리면 당신이 낸 소리는 엄마에게 '[밥]'이 아니라 '[팝]'으로 들린다.

이제 당신은 위아래로 살짝 벌어진 입을 크게 열어야 한다. 누군가 정면에서 당신을 볼 때 입 모양이 전체적으로 잘 빚은 송편 모양이면 된다. 모음 소리 'ㅏ'는 특이하게도 당신의 넓은 입속을 보는 '취향'이 있다. 언어학에서는 각 자음과 모음의 특성을 구별하기 위해 발음을 할 때 입을 벌리는 정도를 나타내는 개구도開口度를 활용하는데, 모음 'ㅏ'의 개구도는 다른 소리들의 추종을 불허하는 최고 6도다.[26]

모음 'ㅏ'의 특별한 취향은 여기서 그치지 않는다. 'ㅏ'는 당신의 입안에 있는 혀가 아래쪽에 낮게 엎드리기를 원한다. 'ㅏ'는 혀 아래쪽에서 나는 저모음이다. 혀를 입안 낮은 쪽에 위치시키면 목구멍에서 올라온 소리(공기)가 미끄러지듯 혀를 스쳐 지난다. 'ㅏ'를 담은 소리 공기는 낮게 엎드린 혀 등을 타고 활짝 열려 있는 입술 사이로 시원하게 빠져나간다. 중모음 'ㅓ'와 고모음 'ㅡ'를 연이어 발음해 보면 저모음 'ㅏ'의 특징을 더 잘 이해할 수 있다.

'밥' 소리를 내기 위한 당신의 여정은 아직 끝나지 않았다. 활짝 열려 있는 당신의 입은 이제 처음 'ㅂ'을 만들어 낼 때와 마찬가지로 다시 굳게 닫혀야 한다. 이때 닫힌 입술 사이로 그 어떤 소리도 빠져나가지 않도록 주의하지 않으면 안 된다.

'밥'의 두 번째 'ㅂ'은 첫 번째 'ㅂ'과 성격이 매우 다르다. 당신이 입을 제대로 닫지 않아 소리가 빠져나가 버리면 어떻게 될까. 당신이 낸 소리

---

26. 우리는 물리적으로 연속적인 말소리를 완전한 소리 덩어리인 음절로 분석하여 인식한다. 개구도는 그러한 음절이 어떻게 이루어져 있는지를 알기 위해 스위스 언어학자 페르디낭 드 소쉬르(Ferdinand de Saussure, 1857~1913)가 만들어 낸 개념이다. 개구도는 0~6까지 7단계로 구성되는데, 국어에서 모음 'ㅏ'는 'ㅐ'와 더불어 가장 높은 6도에 해당한다. 이들은 모두 혀가 낮은 위치에 있는 저모음이다. 참고로 혀가 중간 위치에 있는 중모음(ㅔ, ㅚ, ㅓ, ㅗ)은 5도, 혀의 위치가 높은 고모음(ㅣ, ㅟ, ㅡ, ㅜ)은 4도다. 자음의 개구도는 이들보다 전체적으로 훨씬 낮다.

는 '[밥]'이 아니라 '[바브]'나 '[바부]'가 되어 당신이 밥을 먹게 될 가능성이 현저하게 낮아진다. 자식에게 '[바브]'나 '[바부]'('[바보]'?!)' 소리를 듣고 선뜻 밥상을 차려 줄 한국인 엄마는 그리 많지 않다. 한국어에 있는 받침소리를 얕잡아 보고 이를 대충 발음하면 여러모로 문제가 생긴다.

말은 소리다

사람은 허파에 공기만 있으면 누구나 자연스럽게 말을 할 수 있다. 허파에서 올라와 기도氣道(소리가 지나는 통로)로 나가는 공기 흐름에 힘을 조금 가하기만 하면 된다. 말소리에 따라 후두 부위에 있는 성대의 긴장이나 진동이 필요할 때가 있다. 이런 식으로 몸을 한 번 뒤튼 소리 덩어리는 목구멍과 자유자재로 움직이는 혀와 이와 위아래 입술 들을 거치면서 '말소리'라는 새로운 옷을 입고 세상에 나온다.

그사이 얼굴과 혀와 목구멍에 있는 수많은 근육은 모두 적당한 긴장을 유지해야 한다. 경기장을 바람처럼 뛰어다니는 농구 선수처럼 재빠르게 움직이거나, 입술이나 혀와 같이 우리 안면 부위 안팎에 입체적으로 존재하는 여러 기관에게 도움을 받아야 한다. 이 모든 과정은 당신의 좌뇌 브로카 영역에 있는 두뇌 세포가 내리는 명령에 따라 이루어진다. 아이들은 이 능력을 완전하게 습득하기 위해 적어도 10여 년 동안 끝없이 말소리를 조잘대야 한다.

말이 만들어지는 원리 자체는 간단해 보이지만 말하기 과정은 상당히 복잡하다. 여러 발음 기관이 도와 주어야 하고, 오랜 시간 동안 꾸준히 말하기 연습 과정을 거쳐야 한다. 만만히 볼 수 없는 일이지만, 그렇다고 그 모든 과정과 시간이 어렵거나 길게 느껴지는 것은 아니다. 우리 중 어느 누구도 모어를 의식적으로 학습하듯 배우지 않는다.

국어사전에서는 '말'을 "사람의 생각이나 느낌 따위를 표현하고 전달하는 데 쓰는 음성 기호"라고 정의한다. 친절한 사전 편집자들은 여기에 "사람의 생각이나 느낌 따위를 목구멍을 통하여 조직적으로 나타내는 소리"라는 뜻풀이를 덧붙여 놓았다.

이들을 통해 알 수 있는 것처럼, 말이 갖는 개념의 핵심에는 음성, 곧 소리가 깔려 있다. '소리'는 "물체의 진동에 의하여 생긴 음파가 귀청을 울리어 귀에 들리는 것"이다. 그러므로 소리는 기본적으로 물리적인 현상이다. 그렇다면 이 세상에 존재하는 물리적인 소리가 모두 말소리가 될 수 있을까.

'밥'을 '바부'처럼 발음해서 엄마가 밥상을 차려 주지 않자 당신이 무심결에 내쉰 한숨 소리는 말소리가 아니다. 그 장면을 지켜보던 당신 반려견이 달려와 꼬리를 흔들며 '낑낑' 하고 내는 소리 역시 말소리와 거리가 멀다. 당신 한숨 소리와 반려견의 '낑낑' 소리는 어떤 구체적인 의미를 담고 있지 않다. 실망했다는 당신의 감정과, 겉으로 위로하는 척하면서 속으로 '잘됐구나.' 하고 고소해하는 반려견의 '이중적인' 의도(?)가 담겨 있을지라도 말이다.

이제부터 우리는 이들 물리적인 소리와 근본적으로 다른, 이 지구에서 사람만이 낼 수 있는 말소리를 따라가는 여정을 떠난다. 나는 이 여행이, 우리가 원숭이와 분명히 다르지만 근본적으로는 같다는 것을 겸

손하게 확인하는 과정이 되었으면 좋겠다. 당연한 얘기지만, 원숭이와 우리 인간은 모두 이 지구별에서 살아가는 똑같은 생명체다.

지구에 사는 모든 동물은 평등하다. 원숭이나 코끼리는 우리가 쓰는 말소리를 낼 수 없다. 우리는 원숭이처럼 이 나무에서 저 나무로 매끄럽게 점프하거나, 코끼리처럼 길게 10리 밖까지 들리는 초저주파로 동료와 교신할 수 없다. 말은 인간의 전유물이자 특권이다. 그렇다고 해서 그것이 우리가 원숭이나 코끼리보다 우월하다는 증거일 수 없다. 코끼리가 내는 초저주파가 사람에게 무의미한 소리에 불과한 것처럼, 사람이 쓰는 말 또한 코끼리에게는 알지 못할 소리의 하나일 뿐이다.

말소리가 만들어지는 이 여행을 떠나기 위해서는 기본적인 몇 가지 요소가 갖춰져 있는지 확인해야 한다. 먼저 대뇌 좌반구에 있는 수십억 개의 뇌세포 조직이 필요하다. 브로카 영역이나 베르니케 영역 같이 언어 활동과 관련된 두뇌 부위가 온전히 갖춰져 있어야 한다. 말소리가 실제로 만들어지는 후두와 성대, 목구멍, 혀, 치아 등 여러 기관에 결함이 있어서도 안 된다.

다음으로 우리 눈에 보이지 않지만 그것이 없으면 말소리를 만들어 낼 수 없는 공기가 있어야 한다. 공기 중에 있는 여러 가지 기체가 다 필요하지는 않다. 대기 성분의 5분의 1 정도를 차지하는 산소만 있으면 된다. 지금부터 말소리를 만드는 공기 덩어리와 함께 허파에서 입술 끝에 이르는 소리 길 여행을 떠나 보자.

소리 길 17센티미터의 여정

소리 길 여행은 허파(폐)에서 출발한다. 가슴 좌우에 부드러운 스펀지처럼 자리 잡고 있는 허파는 가슴 속 공간 대부분을 차지한다. 허파는 인간에게 중요한 기관이어서 단단한 갈비뼈로 둘러싸여 있다. 우리 여정은 이 허파에서 출발해, 목구멍을 타고 내려온 경로를 다시 거슬러 올라가는 과정을 따라 이루어진다.

당신이 말소리를 만들어 내기 위해서는 평소 호흡할 때와 비교할 수 없을 만큼 아주 짧은 순간에 공기를 들이마셔야 한다. 그렇게 빨아들인 공기 덩어리는 늑골 근육의 도움을 받아 적당히 반동을 하는 허파의 동작을 통해 '기관氣管, windpipe' 쪽으로 이동한다. 기관에는 소리를 이루는 공기 덩어리가 거치는 기도氣道가 있다.

기관으로 이동하는 공기는 말소리를 만들어 내는 데 적당한 양이어야 한다. 너무 많거나 너무 적으면 원하는 소리를 내기 힘들다. 말소리를 내는 데 필요한 숨은 평소 우리가 숨 쉴 때 내는 양보다 서너 배 정도 많다. 가만히 앉아 숨만 쉴 때와 상대방과 보통 속도로 대화할 때, 비교적 빠른 속도로 쉼 없이 수다를 떨 때를 서로 비교해 보라. 가만히 앉아 쉴 때와 달리 대화나 수다 떨기 같은 말하기에서 숨이 훨씬 더 가빠진다. 많은 공기가 기도를 바쁘게 오가기 때문이다.

허파는 소리를 만들어 내기 위한 첫 번째 작업으로 풀무나 피스톤처럼 움직이는 동작을 한다. 이와 같은 허파의 반동력으로 말소리에 필요한 공기 덩어리가 기관을 향해 거슬러 올라간다. 소리는 그 흐름을 타고 '성문聲門, glottis'을 지나 '후두喉頭, larynx'에 이른다.

성문은 '성대聲帶, vocal cords'나 '성층聲層, vocal folds'으로도 불리는, 탄력 있는 두 개의 근육 조직 사이를 가리킨다. 소리가 지나는 1차 관문이다. 후두는 밖에서 보면 목 앞쪽으로 도톰하게 솟아 나온 부위 안쪽에 자리 잡고 있다. 해부학에서 '후골喉骨'이라고 부르는 곳이다. 후골은 아담이 사과를 먹다가 걸린 것과 비슷하다고 해서 '아담의 사과Adam's apple'이라고도 불린다. 후골 안쪽 일대에는 두 개의 얇은 막인 성대가 덮고 있다. 후두는 그 성대를 포함하여 후골 안쪽 전체를 가리킨다.

후두 일대에서 가장 중요한 곳이 성대다. 성대는 성문을 지나는 공기에 진동을 주거나 성문 크기를 조절하는 구실을 한다. 이를 통해 단순한 공기가 서로 다른 성질을 지닌 여러 가지 말소리가 되는 데 결정적인 구실을 한다. 예를 들어 성대는 두 근육 조직 사이 간격을 완전히 없애서-성문을 폐쇄해서-기관을 오가는 공기를 차단할 수 있다. 이를 바탕으로 공기 순환 속도나 양이 결정되고, 서로 다른 말소리 하나하나가 만들어진다.

성대는 성문 사이 간격을 미세하게 조정하여 빠르게 진동하기도 한다. 이런 진동을 통해 공기 흐름인 기류가 '웅' 소리를 내면서 성문 사이를 재빠르게 미끄러지듯 빠져나가게 해 준다. 이때 '웅' 소리가 동반된 음성을 '유성음有聲音, voice', 그렇지 않은 음성을 '무성음無聲音, voiceless'이라고 한다. 한국어에서는 'ㅁ, ㄴ, ㅇ, ㄹ' 등 자음 일부와 모음 전체가 울림소리에 속한다. 'ㅁ, ㄴ, ㅇ, ㄹ'을 제외한 나머지 자음은 모두 무성음이다.

평소 성대는 숨을 내쉴 때 공기가 오가는 통로로 쓰인다. 우리가 무엇인가를 먹을 때는 그 통로가 성대로 막혀 있어 음식물이 허파로 떨어지지 않는다. 당신이 지금 김치와 함께 따뜻한 밥을 식도로 흘려 넣고 있다고 하자. 순간 알 수 없는 어떤 힘이 작용하여 후두 부근에 있는 성대 쪽으로 밥알 하나가 들어간다. 곧 성대 부근에 있는 예민한 점막이 매우 민감한 자극을 받는다. 그러자 당신의 뇌가 그곳의 세포 조직에 즉각 다음과 같은 명령을 내린다.

"기침을 해서 후두로 떨어진 밥알을 뱉어 내시오!"

우리가 '사레 들렸다'는 말로 표현하는 일련의 상황이 이렇게 펼쳐진다.

성대는 진동 외에 다양한 방식으로 소리들이 갖는 성질에 영향을 준다. 김소월의 「진달래꽃」을 멋지게 낭송하고 싶다. 당신은 말소리의 높낮이를 적절하게 조절해야 한다. 어떻게 해야 할까. 두 성대 사이를 적당한 횟수로 여닫으면서 주파수에 다양한 변화를 주면 된다. 이와 같은 높낮이의 변화 과정을 '억양抑揚, intonation'이라고 한다. 보통 남자와, 이들보다 고음高音을 내는 여자 사이의 차이점 역시 서로 다른 성대 길이와 진동 수에서 비롯된다.

성대와 후두는 사람이 소리를 내는 데 가장 많이 활용하는 요소들 중 하나다. 이 때문에 성대와 후두는 쉽게 손상을 입는다. 목을 지속적으로 많이 사용하거나 무리하게 소리를 내면 예민한 성대 조직이 크게 자극을 받는다. 자극이 심하면 점막에 좁쌀만 한 크기의 작은 혹(결절)이 생기기도 한다. 목을 많이 쓰는 가수나 교사들에게 이런 성대(후두) 결절이 자주 발생한다.

두 갈래의 갈림길에서

다시 소리 길을 따라가자. 소리가 이동하는 1차 관문인 성문을 지난 우리 여정은 이제 '인두咽頭, pharynx'와 그 위쪽에 있는 '목젖uvula'으로 이어진다. 허파에서 기관을 타고 성문과 후두를 따라 올라온 공기 덩어리는 인두와 목젖에게 영향을 받는다. 이들 사이에 이루어지는 상호작용으로 공기 덩어리는 각각 입과 코로 향하는 두 갈래 길로 나뉘어 빠져나간다.

인두와 목젖은 서로 어떻게 작용할까. 인두는 소리 통로인 '구강口腔, oral cavity(입 쪽으로 난 통로)', '비강鼻腔, nasal cavity(코로 난 통로)'과 후두 사이에 붙어 있는 깔때기 모양의 근육성 기관이다. 목젖이 인두 벽에 가 닿으면 코로 가는 통로가 막혀 말소리가 입으로만 통과한다. 반면 목젖이 아래로 축 늘어져 있으면 코로 나가는 소리 길이 트이면서 숨이 코로만 빠져나간다.

우리가 만들어 내는 소리 대부분은 입을 거쳐 나가기 때문에 '입안에서 나는 소리'라는 뜻의 '구강음口腔音' 같은 말을 따로 만들어 쓰거나 하지 않는다. 그런데 코로 나가는 소리에는 'ㄴ, ㅁ, ㅇ' 같은 몇 개만 있어서 '비강음鼻腔音, nasal'이나 '비음' 같은 말로 구별한다.

이제 우리 여정을 대다수 소리가 나가는 입안 공간으로 잡아 보자. 입안을 거치는 소리 여정에는 두 가지 코스가 있다. 목젖에서 입천장을 타고 나가는 일종의 포물선 코스와 입안 아래쪽에 붙어 있으면서 앞으로 평평하게 뻗어 나가는 일자 코스가 그것이다. 이렇게 나누기는 했지만 실제 발성 과정에서는 두 코스에 있는 부위와 기관들이 따로 놀지

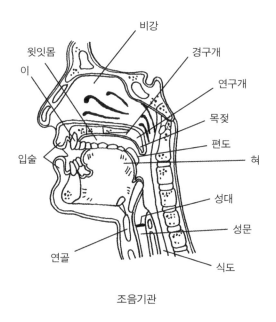

조음기관

않고 밀접하게 상호작용한다.

포물선 코스는 목젖에서 시작하여 앞쪽에 있는 윗잇몸까지 둥그렇게 이어지는 입천장 부분에 걸쳐 있다. 이 둥그런 부위의 앞뒤를 혀끝으로 훑어보면 뒤쪽은 부드럽고 앞쪽은 비교적 딱딱하다. 그래서 뒤쪽은 '연구개軟口蓋, soft palate'나 '여린입천장'으로, 앞쪽은 '경구개硬口蓋, hard palate'나 '센입천장'이라고 부른다. 연구개 끝 쪽 가운데에는 부드러운 목젖이 달랑달랑 매달려 있다. 일부에서는 이 목젖 부위까지를 포함해 연구개라고 본다.

박쥐처럼 입천장에 매달린 채 연구개와 경구개를 타고 좀 더 앞으로 나오면 한자어로 '치조齒槽, alveolar ridge'라고 하는 '잇몸'이 있다. 잇몸은 이가 박혀 있는 위아래 뼈를 가리킨다. 잇몸에는 윗잇몸과 아랫잇몸이 있다. 이 중 말소리를 내는 데 쓰이는 잇몸은 윗잇몸이다. 잇몸을 중심으로 나는 소리를 흔히 치조음이라고 하는데, 우리말에서는 'ㄷ, ㄸ, ㅌ, ㄴ, ㄹ'이 있다.

잇몸에 붙은 이와, 그 바깥에 있는 점막인 입술[27]도 소리를 내는 데 중요한 부위들이다. 아래윗니 중에서는 윗니만이 말소리를 내는 데 동원된다. 마지막으로 두 입술 사이를 빠져나온 소리는 당신 앞에 있는 친구나 대화 상대방 귀에 들어가면서 하나의 말이 된다. 보통 성인의 경우 소리가 성대를 기준점 삼아 입술 끝에 이르기까지 거쳐 오는 거리가 대략 17센티미터 정도 된다.

길고 평평한 혀를 따라 이루어지는 '일자 코스'에는 경유지 몇 곳이 있다. 혀의 제일 뒷부분에서 인두와 마주하고 있는 '설근舌根, root'이 첫 번째 경유지다. 설근을 지나면 연구개와 마주 보고 있는 '설배舌背, back' 와 경구개와 마주 닿는 '설면舌面, front'을 잇달아 거친다. 마지막 도착지는 혀 끝을 포함한 앞부분을 가리키는 '설단舌端, blade'이다.

말소리는 이곳 설단을 지난 후 아래윗니와 두 입술 사이를 거쳐 바깥 세계로 빠져나간다. 혀는, '혀의 선물'이라는 별명이 있을 정도로 말소리를 내는 데 큰 구실을 한다. 이는 혀를 가리키는 영어 단어 'tongue'이 그 자체로 말을 나타내는 사실을 통해서도 알 수 있다. 혀가 자유자재로 움직이는 것 역시 인간이 다양한 말소리를 내는 데 큰 도움을 준다.

---

27. 입술은 우리 신체에서 유일하게 밖으로 나와 있는 점막을 포함한다.

말하기의 달인들

우리가 지금까지 거쳐 온 여정은 다음과 같은 몇 단계로 다시 정리할 수 있다. 첫 단계는 말소리에 필요한 공기 덩어리를 허파에서 기관으로 올려 보내는 '기동起動, initiation' 단계다. 두 번째는 공기가 후두 부위에 있는 성문을 통과하면서 성대가 진동을 일으키는 '발성發聲, phonation' 단계다. 마지막은 성문을 통과한 기류가 여러 발음 기관의 도움으로 다양한 말소리로 만들어지는 '조음調音, articulaion' 단계다.

이 밖에 말소리가 만들어지는 과정에는 여러 신체 부위가 동원된다. 어떤 연구자는 그 부위 수가 최대 100개 이상이라고까지 본다. 실질적인 조음 단계에서는 아랫입술이나 혀와 같은 '조음체調音體, articulator'와 입천장(연구개, 경구개), 윗니, 윗잇몸, 윗입술 등의 '조음점point of articulation(조음점)'이 쓰인다. 조음체는 말소리를 만드는 과정에서 능동적으로 움직일 수 있는 발음 기관을, 조음점은 스스로 움직일 수는 없고 조음체가 가 닿는 부위를 가리킨다.

말소리는 발성 기관의 영향을 크게 받는다. 이가 거의 없어 호물거리듯 말하는 할머니의 말에서는 치음인 'ㄷ, ㄸ, ㅌ, ㅅ, ㅆ, ㄴ, ㄹ'가 불안정하게 난다. 보통 사람보다 혀가 짧은 사람은 혀짜래기 말을 한다. 세 돌이 채 되지 않은 아이들은 'ㅍ, ㅌ, ㅋ' 같은 거센소리를 완전하게 발음하지 못한다.[28] 거센소리는 성문 아래에서 강하게 압축된 공기가 마찰 소음처럼 방출될 때 나는 소리다. 그런데 이 시기 아기들은 성문 주위에 있는 후두와 성대의 기능이 아직 완전히 발달하지 않은 상태라 공기 압축과 방출을 하기가 어렵다.

아기들은 수없이 많은 뒤집기와 배밀이를 거쳐 스스로 당당하게 선다. 마찬가지로 아기들은 끊임없이 옹알거리고 중얼거리면서 자연스럽게 말을 익힌다. 아기들에게 인위적으로 말을 가르치는 것은 현명한 방법이 아니다. 말을 잘 못한다고 지나치게 다그치거나 나무랄 필요가 없다. 어떤 아기라도 정상적인 언어 환경에만 노출된다면 지구에 있는 6000종의 언어 중 그 어떤 언어라도 거뜬히 배울 수 있다.

그런 점에서 자연스럽게 말을 익히는 아기들은 타고난 언어 기술자이자 말하기의 달인이다. 그런데 이 어린 말하기 달인들은 실제로 어떻게 말을 배울까. 세상 모든 아이가 예외 없이 말을 배울 수 있을까.

---

28. 아이들의 언어(문법) 능력이 나이를 먹어 가면서 자연스럽게 발달하는 것처럼 발음 능력도 일정한 순서와 시기를 따라 서서히 발달한다. 가령 아이들은 두 돌 무렵에는 'ㅂ, ㅃ, ㄷ, ㄸ, ㄱ, ㄲ, ㅁ, ㄴ' 등을, 세 살 즈음에는 'ㅍ, ㅌ, ㅋ, ㅎ'를, 그리고 네 살쯤 되면 'ㅈ, ㅉ, ㅊ'를 발음할 수 있다. 치음 계열에 속하면서 혀끝과 윗잇몸 사이의 공기 흐름이 마찰을 일으킬 때 나는 'ㅅ, ㅆ'나 받침으로 쓰이는 말들은 만 5살이 되어야 자연스럽게 낼 수 있다.

6.

'늑대 소녀'도 말을 배울 수 있을까?
_인간의 언어 습득

늑대 소녀 카말라와 아말라

1920년 미국인 목사 조셉 싱Joseph Singh이 인도 동북부 벵갈주 캘커타 근처에 있는 메디니푸르Medinipur 지방에서 선교 활동을 하고 있었다. 어느 날 싱 목사는 고다무리Godamuri라는 마을에서 숲속 괴물에 관한 소문을 들었다. 그는 호기심이 생겼다.

며칠 뒤 싱 목사는 마을 사람들을 이끌고 숲속으로 들어갔다가 어느 굴에서 늑대와 함께 있던[29] 어린아이 둘을 발견하였다. 실오라기 하나 걸치지 않은 야생의 모습을 하고 있던 아이들은 늑대처럼 네 발로 걸으면서 싱 목사 일행을 향해 으르렁거렸다.

싱 목사는 아이들을 메디니푸르로 데려와 아내와 함께 보살피기 시작하였다. 아이들은 둘 다 소녀였다. 나이는 각각 여덟 살과 한 살 반 정도로 짐작되었는데, 단 한 마디 말도 하지 못하였다. 그는 아이들에게 각각 '카말라Kamala'와 '아말라Amala'라는 이름을 지어 주었다.

---

29. 싱 목사의 사례를 최초로 전한 지역 신문 기사에서는 호랑이 굴이라고 보고했다고 한다.

카말라와 아말라는 일어서지 못하고 두 손과 두 발로 기어 다녔다. 음식을 손으로 집지 않고 혀로 핥아 먹었으며, 한동안 밤중에 허공을 향해 세 번씩 울부짖었다. 몸이 완벽한 사람 유전자로 이루어져 있었지만 행동 양식이나 습성은 정확히 늑대의 것이었다.

1921년 9월 동생 아말라가 병으로 죽었다. 발견된 지 채 1년도 되지 않은 때였다. 동생이 죽자 언니 카말라가 엿새 동안 아무것도 먹지 않으면서 울부짖었다.

싱 목사 부부는 카말라가 인간 생활에 좀 더 잘 적응할 수 있게 보행과 언어 교육을 시켰다. 카말라는 1년 반 만에 직립하여 걸을 수 있었다. 언어 능력에서는 별다른 진전이 없었다. 본격적인 언어 교육을 받은 후에도 유아들이 구사할 수 있는 수준을 벗어나지 못하였다. 1926년까지 카말라가 습득한 단어는 30개 정도에 불과하였다. 카말라는 1929년 11월 이질痢疾에 걸려 짧은 생애를 마감하였다.[30] 그때까지 습득한 단어는 45개 정도라고 알려져 있다.

밀실에서 자란 아이들

1937년 미국 일리노이 주와 오하이오 주에서 6살짜리 소녀 애나Anna와 이사벨Isabelle이 자기 집 2층 다락방에 갇혀 지내다 발견되었다. 애

---

30. 일본 심리학자 스즈키 고타로(Suzuki Gotaro)는 자신의 책 『무서운 심리학』(2010년, 뜨인돌)에서 카말라와 아말라 이야기가 심하게 부풀려졌다고 주장한다. 이 문제는 지금 우리의 관심 범위를 벗어나므로 더 자세하게 살피지 않는다.

나와 이사벨은 모두 사생아로 태어났다. 이 사실을 숨기려던 애나와 이사벨 엄마는 아이들을 다락에 가두어 세상에서 격리시키는 극단적인 방법을 썼다. 애나와 이사벨은 불행한 고립 생활 때문에 정상적인 언어 환경에 거의 노출되지 못한 채 자랐다.

1970년 미국 로스앤젤레스에서 카말라 자매와 비슷한 환경에서 자란 소녀 지니Genie가 발견되었다. 지니는 생후 8개월 무렵부터 벽장에 갇혀 지내다 14살이 거의 다 되어 세상에 알려졌다. 지니의 야만적인 감금 생활은 자신의 사랑스러운 딸이 '더러운' 세상에 물드는 것이 두려웠던 아버지 때문에 시작되었다.

정상적인 언어 환경에서 자라지 못한 애나와 이사벨과 지니는 발견 당시 어떤 말도 할 수 없었다. 아이들은 늑대 굴에서 발견된 카말라 자매와 크게 다르지 않았다. 그 뒤 이사벨은 지속적으로 언어 교육을 받으면서 영어를 완전하게 습득하였다. 애나는 발달 지체를 보이는 지진아遲進兒와 비슷하게 언어 습득 과정이 매우 불완전한 모습을 보였다.

지니는 이들과 달랐다. 관찰자들에 따르면 지니가 모어인 영어를 배우는 과정이 외국어 학습자가 해당 외국어를 배우는 모습과 매우 비슷했다고 한다. 연구자들은 지니에게 단어 사용법이라든지 문장 구조 등을 열심히 가르쳤다. 그러나 지니는 이것들을 제대로 익히지 못하였다. 지니는 언어를 배우는 모든 과정을 매우 어려워하였다. 발견 뒤 1년이 지났을 무렵 지니는 2살짜리 아이와 비슷한 수준의 언어 능력을 보였다고 한다.

카말라 자매는 '야생아野生兒, feral children' 사례로 널리 알려져 있다. 소설 『정글북』에 나오는 주인공 '모글리'와 비슷하다. 애나와 이사벨과

아말라와 카말라

지니는 언어학 교과서에서 '고립아孤立兒, isolated children' 사례로 자주 인용된다. 야생아와 고립아는 인간의 언어 습득과 관련한 의문을 푸는 데 중요한 단서를 제공한다. 지니와 이사벨 사례를 통해 이 문제를 자세히 알아보자.

모어인 영어를 완전하게 습득한 이사벨과 달리 지니는 영어 습득이 지지부진하였다. 일부 언어심리학자들에 따르면 모든 인간에게는 공통적으로 자신이 쓰는 모어를 효과적으로 습득할 수 있는 '결정적인 시기critical age'가 있다. 아이들은 이 시기에 다른 어느 때보다 효율적으로 언어를 습득할 수 있다. 학자들은 대략 6살 정도를 결정적인 시기의 기준 연령으로 삼는다. 6살 무렵 발견된 이사벨이 자신의 모어인 영어를 완벽하게 익히게 된 것도 이와 관련되지 않았을까.

아이들은 6살 시기에서 멀어지면 멀어질수록 모어를 습득하는 데 큰 어려움을 겪는다. 연구자들은 12살 무렵을 모어 습득의 한계 연령으로 본다. 그 뒤에는 말을 익히는 일이 모어 '습득'이 아니라 외국어 '학습'처럼 진행된다. 14살짜리 지니가 모어인 영어를 외국어를 학습하는 것처럼 공부한 까닭이 이런 한계 시기와 관련되었을 것이다. 지니와 비슷한 상황에서 아이들은 단어나 문장 구조를 외우는 식으로 언어를 배운다.

결정적인 시기에 아이들은 어떤 언어를 익힐까. 당연히 그 자신이 살아가고 있는 생활 환경 속 언어를 습득한다. 자신의 원래 국적이나 인종이나 부모가 쓰는 언어와는 아무 상관이 없다. 한국에서 태어난 두 살짜리 철수가 미국으로 입양되면 그는 한국어가 아니라 영어를 배울 가능성이 크다. 언어는 앞 세대에서 뒤 세대로 이어지지 않고 사회적이거나 환경적인 조건에 따라 결정된다. 우리는 이를 언어 습득의 '학습설'이나 '환경설'이라고 부른다.

학습이 전부가 아니다

학습설은 세계적인 심리학자 스키너Burrhus Frederic Skinner, 1904~1990에게서 비롯되었다. 스키너는 아이들이 주변 환경과 상호작용하면서 언어를 배운다는 이론을 강력하게 주장해 심리학에 큰 반향을 불러일으켰다. 쥐의 학습 행위를 실험하는 장치인 '스키너 상자'나 '행동주의'와 같은 스키너 심리학의 용어는 심리학 교과서를 장식하는 단골 메뉴다.

학습설을 신봉하는 이들은 아이들이 언어를 익힐 때 모방이나 반복 연습을 통해 학습하는 과정을 거친다고 본다. 주변 사람들은 아이들이

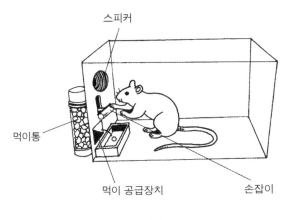

스피커

먹이통

먹이 공급장치   손잡이

스키너 상자

언어를 배울 때 모방이나 반복 행동을 좀 더 강력하고 지속적으로 진행할 수 있도록 자극해 주기만 하면 된다. 심리언어학에서는 이런 자극을 '강화強化, reinforcement'라고 부른다. '강화'는 어떤 행동을 강하게 해 주고, 그 행동이 다시 일어날 가능성을 높여 주는 것을 말한다.

말을 배우기 시작하는 서너 살짜리 아이가 '까까'라고 말할 때, 과자를 주지 않은 채 "'과자 주세요'라고 해야지." 하고 교정하는 부모들이 있다. 아이가 "과자 주세요." 하고 말하면 부모가 비로소 과자를 건넨다. 아이가 끝까지 고집을 피우면 야단을 칠 수 있다. 여기서 아이가 제대로 말을 했을 때 엄마가 아이에게 건네는 '과자'나, 끝까지 고집을 피웠을 때 아이가 엄마에게 받는 '야단'이 강화물이다. 스키너는 부모가 아기가 하는 옹알이에 관심을 보이면 옹알이 행동이 강화된다고 보았다.

언뜻 보기에 그럴듯해 보이는 이런 주장은 사실 허술한 데가 많다. 무엇보다 부모의 개입이나 관심이 아기들에게 언어 행동을 촉진해 준다는 것을 뒷받침하는 뚜렷한 증거를 찾기 힘들다. 강화 작용으로 언어 학습(또는 언어 습득)을 이끌기 위해서는 아주 치밀한 사전 계획이 필요하다. 순식간에 어디로 튈지 모르는 막무가내 아기들을 수용할 수 있는 강력한 인내심이 있어야 한다. 그런데 우리는 그렇게 치밀하게 준비하고 인내심을 갖춘 부모를 찾기 매우 힘들다.

부모가 아기들의 '잘못된' 말을 일일이 교정해 주는 일은 거의 불가능하다. 아기들이 엉뚱한 말을 할 때마다 일일이 타이르며 학습시키면 될 것 같지만, 이 또한 어렵다. 아기들이 부모 말에 따르고 싶어도 그 말 자체를 알아들을 가능성이 거의 없기 때문이다.

우리는 흔히 아기들이 말을 '배운다'고 말한다. 그러나 이때 '배움'은 우리가 보통 쓰는 '배움'의 의미와 다르다. 아기들은 정상적인 언어 환경에 노출되어 있기만 하면 부모가 열성적으로 가르치거나 스스로 성실하게 배우지 않더라도 자연스럽게 말을 익혀 쓴다.

아기들은 상식적인 의미의 배움과는 다른 방식으로 말을 익힌다. 또한 문법에 맞지 않는 말을 써서 어른에게 지적을 받아도 여전히 자신만의 문법을 고수하는 경향이 강하다. 이는 언어 습득의 학습설을 무색하게 만드는 결정적인 증거가 될 수 있다.

수년 전 우리 집 둘째가 만 3살을 갓 지난 어느 여름날이었다. 어린이집을 마치고 돌아온 녀석이 집에 들어서자마자 장난감 기차를 내밀면서 이렇게 말하였다.

"아빠, 이거 ○○형아가 나 귀엽다고 준 거다요."

그 말을 듣고 이렇게 말하였다.

"응, 그랬구나. 그런데 똥준(둘째의 별명)아, '거다요'가 아니라 '거예요'야."

물론 똥준이는 내 말에 콧방귀도 뀌지 않았다. 그 뒤로도 계속 '거다요'를 썼다.

첫째 아이도 마찬가지였다. 첫째가 '거다요'체를 버리는 데에는 거의 6년 정도의 시간이 걸린 것 같다. 나는 둘째에게 한 것과 마찬가지로 첫째에게도 나름대로 '교정 교육'을 시켰으나 아무 소용이 없었다.

언어 습득 장치는 말의 연금술사?

아기들은 특별한 문제가 없는 한 모어를 자연스럽게 터득한다. 아기들은 언어를 '학습'이 아니라 '습득' 방식으로 배우는 것처럼 보인다. 학습과 습득은 다르다. 학습에서는 인위적이고 조작적인 환경이 중요하다. 전체 과정이 단계적으로 진행되지 않으면 소기의 성과를 거두기 힘들다. 그래서 학습을 하기 위해서는 사전에 체계적인 계획이 필요하다. 반면 서로 편하게 말을 주고받을 수 있는 자연스러운 언어 환경이 조성되어 있으면 언어를 자연스럽게 습득한다.

아기에게 문법을 가르친다고 우리말 문장 구조를 알려 주거나 조사의 기능을 강조하는 부모는 없을 것이다. 아기가 말을 배우는 것은 때가 되어 앉거나 일어서고 걷는 일만큼이나 자연스럽다. 그래서 많은 연구자가 인간의 언어 습득이 어떤 생물학적인 요인의 영향 아래 있다고 생각한다.

아기들은 어느 시기에 이르면 한 사람의 예외도 없이 훌륭한 '언어 전문가'가 된다. 말을 익히는 모든 아기가 그런 능력을 타고난 것처럼 보인다. '생득설生得說'로 불리는 이러한 관점은, 언어를 습득할 수 있는 기술적인 장치가 유전자에 각인돼 있다고 주장한 세계적인 언어학자 놈 촘스키Noam Chomsky의 주장으로 대표된다.

촘스키는 아기들의 두뇌가 언어를 학습할 수 있도록 프로그램화해 있다고 생각했다. 어떤 아기라도 6살 전후가 되면 아주 복잡한 문법 요소가 적용된 문장을 자연스럽게 구사한다. 그는 이와 같은 놀라운 능력을 설명할 수 있는 것이 타고난 언어 프로그램뿐이라고 주장하면서, 이를 '언어 습득 장치Language Acquisition Device; LAD'라고 불렀다.

문제는 LAD가 머릿속에 실재하는가 하는 점이다. LAD가 실재더라도 그것이 뇌의 특정 부위에 존재하는가, 뇌 전체에 걸쳐 있는가 하는 점도 촘스키주의자들이 풀어야 할 숙제 중 하나다. 현재까지는 촘스키 자신을 포함해 어느 누구도 이들 문제에 대해 확실하고 분명한 답을 제시하지 못하고 있다.

여러 연구를 통해 몇몇 간접적인 증거들이 제시되고 있기는 하다. 먼저 영장류 연구 분야에서 나온 증거들이 있다. 그동안 많은 동물심리학자가 인간과 가까운 영장류인 고릴라나 침팬지에게 말을 가르치려고 노력하였다.[31] 성과가 없지 않았으나, 결과적으로 어떤 영장류도 인간의 언어를 완벽하게 습득하지 못하였다. 연구자들은 그 이유를 인간의 두뇌 유전자에 존재하는 LAD가 고릴라나 침팬지에게는 없기 때문일 것이라고 보았다.

---

31. 침팬지에게 말을 가르치려고 했던 많은 실험과 관찰 연구의 사례는 8장을 보기 바란다.

언어 능력과 두뇌 사이 관계를 다루는 신경언어학 분야의 연구 결과도 있다. 사람들은 흔히 인간 두뇌의 좌반구가 언어 능력을 관장한다고 알고 있다. 그런데 질병 같은 불가피한 이유 때문에 두뇌 좌반구가 제거된 아이들이 훌륭하게 말을 배워 쓰는 사례들이 있다. 이는 두뇌의 특정 부위만이 언어 능력에 영향을 미치는 것이 아니라는 점을 강력하게 시사한다.[32]

생득설로 불리는 촘스키 이론은 의사소통 과정에서 일어나는 구체적인 상황들을 소홀하게 다룬다는 지적을 받는다. 언어가 갖는 중요한 기능 중 하나는 사람들 상호 간의 원만한 의사소통을 돕는 데 있다. 그런 점에서 언어 습득은 의사소통에 대한 우리 자신의 요구를 실현하기 위한 것이 된다. 촘스키주의자들은 이와 같은 의사소통 요구를 그다지 중시하지 않는다. 이들에게 언어는 일종의 본능처럼 때가 되면 자연스럽게 습득되는 것으로 간주될 뿐이다.

아기들이 처음 말을 배울 때에는 부모와의 소통이 무척 중요하다. 돌을 지난 아기들은 먹을거리나 장난감을 얻기 위해 몸짓을 동반한 특정한 소리를 내서 부모 관심을 끈다. 이를 보면 언어 습득의 중요한 원리로 사회적인 상호 소통 같은 것이 작용하는 것처럼 보인다.

아기들이 언어를 습득하는 데 부모와의 상호작용이 중요하다는 사실은 나름대로 근거가 있다. 부모가 청각 장애인이어서 텔레비전을 통한 언어 자극에만 노출된 아기는 언어를 배우는 데 뚜렷한 한계가 있다. 이런 아기는 단어를 습득하여 그것을 어느 정도 사용할 수 있으나 발음이

---

32. 이에 대한 내용은 두뇌와 언어 사이 관계를 다룬 7장에서 좀 더 자세하게 다룬다.

나 문법이 형편없는 수준에 머물러 있는 경우가 많다. 텔레비전이 아기들과 상호작용을 할 수 없다는 사실을 떠올리면 당연한 결과다.

모든 일에는 때가 있다

아기들이 언어를 배우는 과정을 보면 놀랍다. 대부분의 아기들은 특별한 사전 계획이나 연습 없이도 자연스럽게 말을 익힌다. 아기들이 자신의 모어 구사 능력을 완성하는 시기는 대체로 4~6살 무렵이다. 이 기간에 아기들은 몇 단계의 역동적인 언어 습득 과정을 거치는데, 대략 '전前 언어 단계pre-linguistic stage → 한 단어 단계one-word stage → 두 단어 단계two-word stage'로 이루어진다.

'전 언어 단계'는 생후 12개월 동안에 걸쳐 있다. 이 시기 동안 아기들은 언어를 사용하지 못하지만 언어를 이해하고 산출하기 위해 끊임없이 노력한다. 아기들은 사람 목소리와 자동차 경적 소리, 남자와 여자 목소리를 구별한다.[33] 2개월이 지나면서 아기들은 음색이나 음량을 풍성하게 하여 '우-우-우' 같은 모음 소리를 낸다. 이를 '목 울림cooing'이라고 한다. 목 울림 단계 소리는 아기들이 기분이 좋을 때 낸다.

아기들은 생후 6개월 무렵부터 본격적으로 '옹알이babbling'를 시작한다. 옹알이가 출현하는 시기나 옹알이로 내는 소리 유형은 모든 언어권에 걸쳐서 보편적인 경향을 보인다. 옹알이는 청각 장애를 가지고 있는

---

33. 태어난 지 1개월 된 유아가 '[pa(파)]'와 '[ba(바)]' 소리를 구별한다는 연구 결과가 있다.

아기들에게서도 예외 없이 일어난다. 이 시기에 아기들은 혀를 차거나 흠흠거리거나 입맛을 다시듯이 내는 소리들로 옹알이를 한다. 처음부터 뚜렷하게 나지 않지만 시간이 흐를수록 점차 분명한 자음이나 모음 소리가 결합된 소리를 낸다. 그렇게 만들어진 음절을 여러 번 되풀이하여 종알거리기도 한다.

10개월에 접어들면서부터 아기들 말소리는 어른 말소리 억양과 비슷해진다. 이는 옹알이 단계에서 특징적으로 나타나는 '반향 언어echolalia' 덕분이다. 반향 언어는 옹알이를 통해 좀 더 또렷해진 음절이 '다다다다'처럼 연속적으로 나오는 소리를 말한다.

우리 집 막내딸은 '아바바바', '암맘맘마', '마마마바' 같은 다양한 반향 언어를 7~8개월 무렵부터 또렷하게 내기 시작하였다. 막내딸이 가장 선호한 반향 언어는 '아바바바'였다. 나와 아내가 손바닥을 딸 입에 대고 연속적이고 규칙적으로 살살 두드려 주면, 싫증 한번 내지 않고 '아바바바' 소리를 연이어 냈다. 아기들은 이런 소리 내기를 재미있는 놀이처럼 생각하는 경향이 있는 것 같다.

아기들이 소리에 대해 선택적인 반응을 보이기 시작하는 것도 10개월 무렵부터다. 이 시기 아기들은 자신들이 듣지 않은 소리는 내지 않는 대신 귀에 들려오는 소리는 계속 따라서 내는 모습을 보인다. 소리에 대한 일종의 되먹임[피드백feedback] 작용이다. 이 시기에 이르러 청각 장애아들이 더는 옹알이를 하지 않는다는 점도 이와 관련된다. 청각 장애아들과 부모 사이에는 소리에 대한 선택적인 반응으로서의 피드백이 불가능하다.

아기들은 만 1살 무렵부터 '한 단어 단계', 또는 '일어문—語文' 단계로 들어간다. 이때 아기들이 내는 단어는 옹알이 사이에 출현하는데, 성인들이 내는 단어와 상당히 다르다. 그러나 어떤 물건이나 행위를 일관되게 가리키면서 자신의 의사를 표시하기 위해 '한 단어'를 쓰기 때문에 정상적인 단어로 인정한다. '일어문'이라는 명칭은 단어 한 개가 문장 기능을 수행한다고 해서 붙여졌다. 한 단어 단계에서 아기들이 구사하는 단어 대다수는 음식, 신체 부위, 옷, 장난감, 동물, 사람 등에 관한 것이다.

아기들이 단어를 처음 산출한 직후 얼마 동안은 단어 습득 속도가 매우 느리다. 맨 처음 단어를 습득한 뒤 단어 10개를 익히는 데 3~4개월이 걸린다는 연구 보고가 있다. 그런데 생후 16~18개월을 지나면 아기들의 언어 습득 능력, 특히 어휘 수용 능력이 놀라울 정도로 커진다. 이 시기 아기들은 두 시간당 하나꼴로 단어를 습득한다. 그래서 이 시기는 '어휘 폭발기'로 불린다. 땅에서 물이 솟아 나오듯이 단어가 쉴 새 없이 쏟아져 나오는 상황에 빗대어 '단어 용출기湧出期, word-spurt period'라고 표현하기도 한다.

'두 단어 단계'는 아기들이 18개월을 지나면서 맞이한다. 이 시기에 이르면 아기들이 최소 두 단어로 이루어진 문장을 구사한다. 그래서 '이어문二語文' 단계라고 불린다. 이어문 단계는 아기들이 만 3살이 되기 전인 생후 30개월 무렵까지 지속적으로 이어진다.

단어 2개로 이루어지는 문장은 짧고 단순하다. 우리말 문법에서 주어나 목적어나 서술어 들은 의미 전달에 필수적인 최소의 문장 성분들이다. 아기들은 이들 문장 성분을 명사나 동사나 형용사 등 품사[34] 형태로 전달한다. 과자가 먹고 싶다면 "나는 과자를 먹고 싶어요."가 아니라

"나 과자.", "과자 먹어." 하는 식으로 문장을 만든다.

아기들은 짧고 단순한 이들 문장을 통해 모어의 기본 어순과 같은 다양한 문법 요소를 익힌다. "나 과자."에서 '주어+목적어' 어순을 배우고, "과자 먹어."에서 '목적어+서술어' 어순을 익히는 식이다. 아기들은 이들을 종합하여 우리말 기본 어순인 '주어Subject-목적어Object-서술어Verb 구조(SOV 구조)'를 머릿속에 갖게 된다.

아기들은 '이어문' 단계를 지나 30개월을 넘기면서 성인들이 쓰는 완전한 문장을 구사할 수 있는 수준에 이른다. 문장을 짧게 하려는 경향은 여전히 강하지만 단어 여러 개를 배합하여 문장을 만드는 능력이 '이어문' 단계와 비교할 수 없을 정도가 된다. 다양한 문장의 기본 뼈대를 익히면서 문법 능력을 키운다. 그래서 이 시기의 전반적인 특징을 16~18개월 무렵의 '어휘 폭발기'와 대조하여 '문법 폭발기'라고 일컫는다.

'과잉 규칙화'라고 부르는 독특한 말하기 현상이 나타나는 것도 이 시기다. 과잉 규칙화에 따른 말하기는 아기들이 어른들의 말을 모방하면서가 아니라 스스로 규칙을 익히면서 모어를 습득한다는 것을 보여 주는 증거처럼 보인다.

예를 들면 아기들은 "김○○ 선생님이가 좋아요.", "공룡책이가 어디 있어요?"와 같은 식으로 주격조사가 중복된 '-이가' 표현을 쓴다. 이 시기 아기들의 두뇌는 주격조사 '-이'와 '-가'의 의미를 받아들인 상태여서 이 말들이 쓰이는 규칙을 완전히 파악하고 있다. 그런데 '-이' 사용

---

34. 단어를 기능, 형태, 의미에 따라 나눈 갈래를 말한다. 우리말 학교문법에서는 체언(명사, 대명사, 수사), 수식언(관형사, 부사), 용언(동사, 형용사), 독립언(감탄사), 관계언(조사) 등 5종류 9가지로 나눈다.

규칙만으로 충분한 자리에 '-가' 사용 규칙을 넘치게 적용하여 말을 하는 과잉 규칙화 현상이 나타나는 것이다.

앞에서 소개한 '거다요' 표현도 이와 비슷하다. '거다요'는 원래 형태가 '것이다요'인데, 경어법을 익히는 4살짜리 아이가 즐겨 쓰는 표현이다. 이는 우리말 경어 체계에서 '두루높임'에 해당하는 '요'를 지나치게 일반화하여 사용한 예로 볼 수 있다. 영어를 배워 가는 아기가 처음에 'foot'의 복수형을 'feet'가 아니라 'foots'라고 하거나 'go'의 과거형을 'went'가 아니라 'goed'라고 쓰는 것도 이와 비슷하다.

아기들이 모방이나 의식적인 학습을 통해 이 말들을 배운다면 처음부터 모두 '것이에요'나 '거예요', 'feet', 'went'를 사용했어야 한다. 아기 주변에 있는 어른이 그 앞에서 '선생님이가', '책이가', '거다요' 식으로 말하지는 않았을 것이기 때문이다. 영어를 사용하는 성인 화자 중에 아기들 앞에서 'foots', 'goed'를 사용하는 사람 역시 없을 것이다.

아기들은 만 4~5살에 이르면 모어를 완전하게 습득한다. 모어에 쓰이는 소리를 대부분 발음할 수 있고, 기본적인 문법 규칙이나 문법 요소를 활용하는 능력 또한 성인들과 큰 차이가 없다. 이 시기 아기들이 성인과 다른 점은 구사할 수 있는 어휘 수나 유려한 발음의 차이일 뿐이다. 아기들이 6살이 될 때까지 갖게 되는 단어 수는 1만 3000개 정도라고 한다. 300여 개에 불과한 2살 무렵부터 계산하면 연평균 3000여 개, 일일 평균 어휘 8개를 습득하는 셈이니 놀라운 능력이 아닐 수 없다.

언어 유전자는 있는가

아기들이 언어를 습득하는 과정은 두뇌와 언어 능력 사이의 신비로운 상호작용을 보여 준다. 두뇌가 다쳤을 때 생기는 다양한 유형의 실어증[35]이 구체적인 증거다.

말을 익히는 데에는 유전자의 영향도 크다. 촘스키가 말한 LAD도 이러한 배경 속에서 이해할 수 있다. 'FOX P2' 유전자를 중심으로 언어 습득 능력과 유전자 간의 관계를 살펴보면서 이 장을 마무리하자.

2001년 영국 옥스퍼드 대학교 연구팀이 〈네이처〉에 FOX P2로 명명된 유전자 관련 논문을 발표하였다. 그 전에 연구팀은 수년 간 'KE'라는 이니셜을 가진 영국의 한 가문을 관찰하였다. 이 가문의 3세대를 분석한 결과, 대상자 31명 중 절반 정도인 15명이 심각한 언어 장애를 가지고 있었다. 이들은 말소리를 구별하고 문장을 이해하며 문법성을 판단하는 데 온전한 능력을 보여 주지 못했다고 한다.

흥미롭게도 이들 모두 돌연변이 상태의 FOX P2 유전자를 보유하고 있었다. 연구팀은 돌연변이를 일으킨 FOX P2 유전자가 그러한 언어 장애의 원인이라고 보았다. 인간이 언어를 구사하는 데 중요한 역할을 하는 유전자로 FOX P2를 지목한 것이다. FOX P2에 관한 뉴스는 2000년대 초반 내내 전 세계를 뜨겁게 달구었다. 그 과정에서 많은 사람이 FOX P2가 언어 유전자라고 믿었다.

FOX P2 유전자는 인간과 동물의 차이를 구별하고 사람이 갖는 언어

---

35. 이에 대해서는 다음 7장을 보기 바란다.

능력의 기원을 밝히는 데 중요한 단서로 활용되고 있다. 인간과 다른 동물 사이에서 드러나는 FOX P2 유전자의 차이는 아주 미미하다고 한다. 실제 인간과 침팬지는 전체 유전자 차원에서 99퍼센트가 서로 유사하다. 차이가 나는 유전자는 단 1퍼센트다.

하지만 이 조그마한 차이 때문에 인간과 동물 단백질이 서로 다르게 만들어지고, 결과적으로 겉모습과 능력이 달라지게 되었다. 인류에게만 언어를 갖게 해 준 인간 두뇌의 신비가 그 1퍼센트 안에 들어 있는 게 아닐까.

7.

말을 못하는 이유가 무엇일까?
_언어 장애와 실어증

'탄'만 말한 프랑스 사람 탄

프랑스 파리 제6구에는 세계적으로 이름이 알려진 오르세 미술관과 노트르담 성당이 함께 있다. 이곳 한쪽 에콜 드 메드신 거리Rue de l'Ecole de Médecine('의과 대학 거리'라는 의미)에 1835년 설립된 유서 깊은 '뒤퓌트랑 박물관Musée Dupuytren'이 자리 잡고 있다. 1828년 세계 최초로 인공 항문을 만들어 낸 프랑스의 유명 외과 의사 뒤퓌트랑Baron Guillaume Dupuytren, 1777~1835을 기념해 세운 박물관이다.

뒤퓌트랑 박물관 안에는 뒤퓌트랑이 남긴 실험 도구와 문헌들과 다양한 연구 수집품 등 6000여 점의 해부학 관련 전시물이 있다. 그런데 전시실 한쪽에 매우 특별한 전시물 하나가 놓여 있다고 한다. 그것은 둥근 유리병에 담겨 있는데, 놀랍게도 사람 두뇌가 주인공이라고 한다.

병에 담긴 두뇌의 주인은 '탄Tan'이라는 별명으로 널리 알려진 언어 장애 환자 르부르주Lebourge였다. '탄'이라는 이름은 그가 입원해 있던 병원 근무자들이 붙여 주었다. 언어 장애를 겪고 있던 그가 할 수 있는 말이 오로지 '탄'뿐이어서 그런 별명이 지어졌다고 한다.

탄은 1861년에 세상을 떠났다. 탄의 언어 장애는 원래 두뇌에 생긴 물혹으로 인해 발생하였다. 탄을 담당한 주치의는 폴 브로카Paul Broca, 1824~1880라는 이름의 외과 의사였는데, 탄이 죽자 그의 언어 장애가 어디에서 비롯되었는지 더 확실하게 알고 싶었다.

탄이 죽은 바로 그해 브로카는 날카로운 메스로 탄의 두개골을 절개하여 안쪽을 유심히 살펴보았다. 탄의 좌뇌, 정확히 말하면 좌반구 앞쪽 아래에서 뒤쪽을 타고 올라가는 깊은 주름 부위 앞쪽이 무르고 기형적인 모습을 띤 채 손상되어 있는 것을 보았다. 일반적으로 '실비안 열구sylvian fissure'라고 불리는 곳이었다.

브로카는 그 수술 후에 언어 능력과 언어 장애에 관한 연구를 진행하여 사람의 조음 능력調音能力, 곧 말소리를 만들어 내는 능력이 두뇌 좌반구에 있다고 결론을 내렸다. 자신이 발견한 손상 부위는 '브로카 영역Broca's area'으로, 브로카 영역의 손상으로 생기는 실어증은 '브로카 실어증Broca's aphasia'으로 명명하였다.

브로카의 주장은 후속 연구를 통해 확고한 사실로 받아들여졌다. 탄 이후에 나온 많은 증거가 공통적으로 실어증 환자들의 좌뇌 부위에 손상이 있다는 것을 보여 주었다. 신경학자들은 한쪽 뇌를 마비시키는 특정한 주사제를 사용하여 두뇌의 기능을 실험하였다. 그 결과 우뇌가 멈춰진 환자는 말을 할 수 있었지만 좌뇌가 멈춰진 환자는 그러지 못했다고 한다.

사람의 두뇌는 쭈글쭈글하게 주름이 진 6센티미터 두께의 대뇌 피질로 둘러싸여 있다. 대뇌 피질의 크기는 생명체의 지능과 밀접한 관련이 있다. 생쥐의 대뇌 피질 크기는 우표 한 장, 조금 더 똑똑한 원숭이는 엽서 한 장 정도다. 인간의 먼 사촌 격인 유인원의 두뇌는 A4 용지 1장쯤이다. 인간은 A4 용지 4장 크기에 해당한다. 대뇌 피질 모양은 우리 배 속에 있는 창자와 매우 흡사하다. 견과류인 호두 모양을 연상해도 좋다.

두뇌는 겉이 조금 거무스름하고, 속이 희끄무레하다. 우리가 즐겨 먹는 두부와 비슷한 농도를 가진 사람의 두뇌는 전체 무게가 1.4킬로그램 정도 나가는 세포 조직이다. 두뇌에는 약 1000억 개의 뇌세포가 촘촘한 그물망처럼 연결되어 있다. 두뇌는 사람에게 가장 중요한 조직 중 하나여서 어느 부위 뼈보다 단단한 두개골頭蓋骨에 둘러싸여 있다.

불의의 사고나 질병으로 두뇌 부위에 손상을 입는 사람들이 많다. 아주 많은 사람이 일상적으로 일어나는 교통사고나 뇌졸중과 같은 질병에 노출되어 있다. 치매에 걸려 하루하루 조금씩 머릿속 기억을 상실하면서 살아가는 이들, 선천적으로 이상이 있는 두뇌 유전자를 타고나 정신 지체 증상을 내보이는 아기들도 있다. 이들이 겪는 장애는 여러 가지 측면에서 비슷한데, 그중 가장 널리 발견되는 것이 언어 장애다.

'사다리'와 '파다리'

언어 장애의 가장 대표적인 유형이 실어증失語症, aphasis이다. 실어증에 걸린 사람은 목이나 혀 등에 이상이 없는데도 상대방이 하는 말을 알아듣지 못하고, 하고 싶은 말을 할 수 없거나 엉뚱한 말을 내뱉는다. 이처럼 발음 기관이 제대로 갖춰져 있으나, 언어를 이해하거나 표현하는 등의 언어 능력을 상실한 상태를 실어증이라고 한다.

실어증에 걸리는 원인은 다양하다. 뇌졸중과 그로 인한 후유증이 가장 큰 원인이다. 뇌혈관이 막히는 뇌경색, 뇌혈관이 터지는 뇌출혈 들도 실어증을 유발한다. 교통사고로 생기는 뇌 외상, 뇌종양이나 알츠하이머병과 같은 퇴행성 뇌 질환도 실어증의 주요 원인으로 지목되고 있다.

실어증은 언어적인 측면에서 여러 가지 특성을 보여 준다. 말하기 장애부터 살펴보자. 이 장애에 걸린 사람은 '사다리'의 '사' 음절을 내지 못해 '파다리'로 발음하거나, "양말을 신어." 대신 "발을 신어."처럼 맥락에 맞지 않는 엉뚱한 말을 내뱉는다. 실어증학에서는 전자('사다리-파다리')를 '음소 착어증音素錯語證', 후자를 '의미 착어증意味錯語證'이라고 부른다.

음소 착어증은 단어의 일부 음소(소리)를 엉뚱하게 바꾸는 것이고, 의미 착어증은 단어 전체를 아예 다른 말로 바꿔 버리는 것이다. 어떤 것이든 착어증은 맥락에 맞는 적절한 어휘를 쓰지 못하는 언어 장애인 실명증失名證과 흡사하다.

착어증과 달리 "나는 집에 가서 밥을 먹어."와 같은 문장을 "나 집 가 밥 먹어."나 "나를 집이 가 밥에 먹어." 같은 문장으로 발화하는 말하기 장애가 있다. 전자는 과거에 전기 신호로 짧은 시간에 메시지를 전하는 통신 수단이었던 전보電報 문체를 닮아서 '전보체' 문장이라고 불린다.

전보체 문장은 엄밀히 말해 비문이 아니다. 하지만 자연스럽게 쓰이는 조사('는', '에', '을' 등)를 과도하게 생략함으로써 일상적인 구어 상황에서 만나기 힘든 어색한 문장이 된 예다. 후자에서는 정상적인 문장의 '는', '에', '을' 대신 '를', '이', '에'를 써서 문법적으로 맞지 않는 문장이 되었다. 이들 모두 문법 장애의 일종에 해당한다.

언어 장애 유형에는 이 밖에도 여러 가지가 있다. 말소리를 분명하게 내지 못하는 발음 장애, 청력에 이상이 없는데도 말소리를 바르게 못 듣거나, 잘 들어도 그 의미를 이해하지 못하는 청각 이해력 장애가 있다. 상대방 말을 따라 하지 못하는 따라 말하기 장애, 말을 하고 글을 쓸 수 있지만 읽지 못하는 실독증失讀證, 팔에 이상이 없는데도 뇌 기능에 문제가 생겨 글을 쓰지 못하는 실서증失書症 역시 언어 장애들이다.

브로카가 처음 발견한 브로카 실어증은 이와 같은 언어 장애의 가장 고전적인 예다. 브로카 실어증은 흔히 운동성 실어증, 또는 표현성 실어증이라고 한다. 대뇌 운동 영역[36]에 이상이 있을 때 나타나는 실어증이라는 의미다. 두뇌의 운동 영역은 우리가 말을 할 수 있도록 입이나 후두喉頭를 움직이는 명령을 내린다. 그래서 이 영역에 손상을 입으면 입이나 목구멍 같은 발성 기관에 아무 이상이 없어도 정상적으로 말을 할 수 없다.

이런 사실에서 알 수 있는 것처럼 브로카 실어증 환자는 말을 유창하게 하지 못한다. 말을 하는 데 필요한 두뇌의 운동 중추가 이상이 생겨 자신의 생각을 말로 '표현'하는 데 이상이 있는 것이다. 이는 브로카 영역의 위치가 근육 운동을 담당하는 넓은 신경 부위에 인접해 있다는 점과도 관련된다. 브로카 실어증에 걸린 환자는 말을 하다가도 중간에 자주 멈추고, 제대로 발음하지 못한다.

브로카 실어증에 걸린 사람들은 전보체 형식이나 보통의 문법 규칙을 지키지 않는 문장을 구사한다. "오늘은 날씨가 더워."를 "오늘 날씨 더워."나 "오늘이 날씨를 더워."처럼 쓴다. 상대방 말을 듣고 이해하는 능

---

36. 뇌의 앞쪽에 있는 전두엽 부근에 넓게 위치한다.

력에는 그다지 큰 문제가 없다.

브로카 실어증에 걸린 사람들 중에 글을 쓰는 능력이 손상되어 있는 예가 있다. 이들은 발음 기관을 조절하는 데 이상을 보이기도 한다. 또한 발음 기관을 의식적으로 움직이는 어떤 동작을 하려고 하면 잘 되지 않다가 어떤 행위를 할 때 무의식적으로 해당 동작을 한다. 예를 들어 '혀를 내밀어 보라'고 지시하면 잘 못하다가, '혀로 설탕을 찍어 먹어 보라'고 시키면 혀를 자연스럽게 내민다.

유창한 말더듬이

브로카 실어증과 함께 널리 알려진 실어증이 베르니케 실어증 Wernicke's aphasia이다. 베르니케 실어증은 브로카 실어증이 밝혀지고 10여 년이 지난 뒤 독일 신경생리학자 칼 베르니케Carl Wernicke, 1848~1905가 보고한 언어 장애 증세다. 베르니케 실어증은, 브로카 영역의 맞은편, 구체적으로 좌뇌 측두엽 부위에 손상이 있을 때 나타난다.

베르니케 실어증은 브로카 실어증과 정반대되는 증상을 보인다. 베르니케 실어증의 원인 부위는 측두엽이다. 이곳은 두뇌의 감각 영역으로서, 우리가 귀로 들은 말을 이해하는 곳이다. 이 영역에 손상을 입으면 맥락에 닿지 않는 말을 혼자서 장황하게 지껄이는 것과 비슷한 증세를 겪는다. 이런 증상은 기본적으로 상대방 말을 거의 이해하지 못하는 데서 비롯된다. 그래서 베르니케 실어증은 '감각 실어증'이나 '이해 실어증' 이라고 한다.

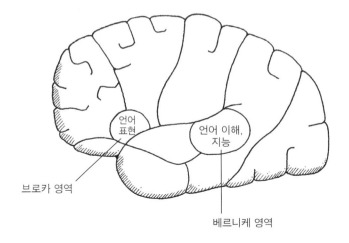

브로카 영역과 베르니케 영역

베르니케 실어증 환자가 하는 말은 아주 유창하지만 의미가 없다. 결과적으로 말을 심하게 더듬는 사람이 자신의 생각을 제대로 펼치지 못하는 것과 같은 상황이 펼쳐진다. 말이 유창하다는 것은, 거꾸로 말하면 발음이나 억양 등에는 문제가 없다는 말이다. 그런 만큼 베르니케 실어증을 갖고 있는 사람은 브로카 실어증 환자가 겪는 발음 장애가 없다. 구사하는 문장들 또한 적용된 문법 규칙에 별다른 문제가 없다.

문제는 이들이 내뱉는 말이 대화가 진행되는 상황과 어울리지 않는다는 점이다. 이들은 맥락에 맞지 않는 개인적인 신조어新造語나 대체된 다른 단어를 사용한다. 사물 이름을 말하는 데 큰 어려움을 겪기도 한다. '탁자'를 '의자'로, '팔꿈치'를 '무릎'으로, '바다'를 '다바'로 발음하는 식이다. 한 단어와 관련되기는 하지만 엉뚱한 단어를 쓰거나, 원래 단어의 발음을 왜곡할 때도 있다.

실어증 중에는 '전체적 실어증global aphasia'이라고 불리는 언어 상애가 있다. '전체적'이라는 명칭은, 이 실어증의 원인 부위가 대표적인 언어 영역인 브로카 영역과 베르니케 영역에 동시에 걸쳐 있기 때문에 붙여졌다. 전체적 실어증은 원인 부위가 매우 넓어서 환자에게 미치는 영향이 크다. 상황에 따라서는 몸의 오른쪽에 마비가 오는 우측 반신마비에 걸릴 수 있고, 우측 반신의 감각을 잃기도 한다.

언어적인 측면에서 볼 때 전체적 실어증은 브로카 실어증과 베르니케 실어증의 주요 증세를 동시에 모두 보여 준다. 읽기 장애나 쓰기 장애에 해당하는 실독증이나 실서증이 나타나기도 한다. 한마디로 전체적 실어증은 명실공히 모든 언어 활동이나 기능에 장애가 있는 심각한 실어증이라고 할 수 있다.

일반적으로 실어증은 85퍼센트가 뇌졸중이 원인이 되어 일어난다. 전체적 실어증은 그러한 뇌졸중 중에서도 증세가 아주 중증일 경우에 발생한다. 전체적 실어증 환자 중에 상실된 언어 능력을 회복하기 어려운 경우가 많은 까닭도 이와 같은 중증의 병세 때문이라고 한다.

좌뇌 없이도 말한 알렉스

브로카 실어증과 베르니케 실어증은 실비안 열구를 기준으로 그 앞뒤에 위치하는 브로카 영역과 베르니케 영역에 손상이 있을 때 나타난다. 이들 두 영역은 모두 좌뇌에 속해 있다. 문제는 이들 실어증의 주요 증세가 각 영역의 부분적인 작용 때문에 나타나는 것인지, 아니면 이들 영역을 포함한 좌뇌 부위의 전체적인 작용으로 나타나는 것인지 확실히 알 수 없다는 점이다.

이 문제에 대한 설명법에는 크게 두 가지 입장이 맞서 있다. 인간의 다양한 언어 능력을 통제하는 두뇌 영역이 서로 다른 특정 부위에 나타난다고 보는 '국재화 가설localization hypothesis'과, 언어 능력이 두뇌 영역 전반에 걸쳐 분포한다고 보는 '전체적 가설the holistic view'에 따른 설명이 그것이다.

국재화 가설을 지지하는 사람들은 언어 장애를 겪는 환자의 98퍼센트 정도가 좌뇌의 '깊은 협곡'인 실비안 열구 가장자리 어딘가에 손상이 있다고 주장한다. 그런데 언어 능력에 영향을 미치는 부위는 실비안 열구의 양쪽을 감싸고 있는 불특정 영역까지를 포함한다. 브로카 영역이니 베르니케 영역이니 하는 명칭이 붙어 있는 부위는 그러한 영향이 아주 뚜렷하게 나타나는 곳이다.

뒤집어 말하면 이들 영역 이외 다른 부위들도 미세하기는 하지만 언어 능력에 영향을 미칠 수 있다는 점이다. 언어와 관련된 두뇌 영역이 하나의 연속적인 지형으로 인접해 있을 가능성이 높은 것이다. 최근에는 언어 능력에 관여하는 두뇌 부위가 어느 특정 영역에만 국한되지 않는다는 전체적 가설이 설득력을 얻고 있다고 한다.

2005년 7월 28일 미국 볼티모어에 있는 존스 홉킨스 병원에서 레이시 니슬리Lacy Nissley라는 어린 소녀가 '반구 절제 수술hemispherectomy'이라는 이름의 아주 특별한 수술을 받았다. 니슬리는 태어나기 전 두뇌의 좌반구가 자리를 잘못 잡는 바람에 성장하면서 점점 커지기 시작한 우반구가 극심한 발작을 일으키는 고통을 받고 있었다. 발작을 없애는 유일한 해결 방법은 두뇌의 한쪽, 곧 우반구를 제거하는 길밖에 없었다.

마침내 존스 홉킨스 병원 진료팀이 수술을 결정하였다. 진료팀은 4시간에 걸쳐 수술을 진행하여 니슬리의 전두엽과 아기 주먹 크기만 한 두정엽을 제거하였다. 그전에도 존스 홉킨스 병원에서는 아이들 100명이 니슬리가 받은 것과 같은 반구 절제 수술을 받았다. 아이들은 모두 수술 후 재활 치료를 받아 걷거나 말하고 생각하는 법을 성공적으로 익혔다고 한다.

영국 런던 대학교 카뎀Faraneh Vargha-Khadem 교수가 조사한 알렉스 Alex 사례는 더욱 극적이다. 8살에 반구 절제 수술을 받은 소년 알렉스는 수술 전에 말을 거의 하지 못하였다. 당시 알렉스에게는 4살 정도 먹은 아이 수준의 단어 이해력밖에 없었다고 한다.

알렉스는 좌반구를 제거하고 10여 개월이 지나면서 처음으로 단어 한 개를 말할 수 있었다. 그 뒤부터 알렉스의 언어 습득 속도는 급격하게 빨라져, 마침내 정확한 발음과 문법적으로 자연스러운 문장 구조와 상황에 적절한 표현을 완전하게 구사할 수 있게 되었다. 알렉스를 담당한 연구자들은 6살 이후에 말을 습득한 아이가 그렇게 완벽하게 말을 구사한 예는 없었다고 감탄했다고 한다.

알렉스 사례는 앞 장에서 소개한 '결정적인 시기' 가설에 정면으로 배치된다. 만약 좌반구가 언어 능력을 관장한다는 일반적인 상식이 진실이라면 우리는 10살이 다 될 무렵 언어를 완벽하게 구사한 알렉스의 경우를 설명할 길이 없다. 그런데 최근 몇십 년 동안 쌓인 사례는 이런 상식이 잘못된 것일 수 있음을 말해 준다.

플라스틱 뇌

미국인 안토니오 로페즈 차이Antonio Lopez Chaj는 평범한 페인트공이었다. 2010년 어느 날 시내 술집에서 큰 싸움에 휘말린 차이는 진압하기 위해 출동한 경호업체 직원에게 금속제 몽둥이로 머리를 맞았다. 심각한 부상을 당해 병원에 실려 간 차이는 생존을 위해 두뇌 25퍼센트와 두개골 일부를 적출하는 수술을 받았다. 차이는 그 충격적인 수술을 받은 뒤 혼자서 걷거나 말을 할 수 없는 처지가 되었다.

의사들이 차이 두뇌에서 적출한 부위는 좌뇌 쪽이었다. 두뇌 좌반구의 브로카 영역이나 베르니케 영역이 중요한 언어 기능을 담당하고 있으니, 우리는 차이가 맞닥뜨릴 불행을 충분히 예견할 수 있다. 그런데 최근 들어 많은 연구자가 언어 기능을 담당하는 두뇌 부위가 브로카 영역이나 베르니케 영역 같은 특정한 한두 곳이 아니라 수십 곳, 심지어 수백 곳에 걸쳐 있다고 주장한다.

미국의 유명한 인지과학자 필립 리버만Philip Lieberman과 스티븐 핑커Steven Pinker는 공동 연구를 통해 언어를 '학습'할 때와 이미 학습된 언어를 '사용'할 때 활성화하는 두뇌 부위가 다르다고 결론을 내렸다. 이들은 단어를 이해하거나 단어들의 범주를 구분하고, 번역 활동을 하거나 문법을 결정하는 등의 구체적인 언어 활동에서 활성화하는 두뇌 영역이 각기 다르다고 보았다. 첨단 장비로 두뇌 영상을 찍어 보면 언어 사용에 따른 두뇌 활성화 양상이 각 개인에 따라 다르게 나타나기도 한다고 한다.

언어 연구 전문가들은 이와 같은 두뇌 작용이 '가소성可塑性, plasticity'

안토니오 로페즈 차이

때문이라고 말한다. 가소성은 말 그대로 무른 플라스틱plastic이 일정한 조건에서 자유자재로 모양을 바꿀 수 있는 것처럼 인간의 두뇌 또한 최초 모습을 끝까지 유지하지 않고 어떤 상황에서 달라질 수 있음을 뜻하는 말이다. 예를 들어 어떤 사람이 언어 습득에 가장 적절하게 형성된 두뇌의 특정 영역에 문제가 생겨 언어 능력을 상실할 위기에 처하면, 두뇌의 다른 영역이 그 부분이 담당하는 기능에 끼어든다. 이처럼 어떤 동일한 기본 행위에 대해 두뇌가 다른 경로를 취할 수 있는 성질을 가소성이라고 한다.

가소성은 인간만이 아니라 동물들에게서도 발견된다고 한다. 보노보 '칸지'와 '타물리'를 대상으로 한 언어 습득 연구로 유명한 영장류 학자 수 새비지 럼버E. Sue Savage-Rumbaugh[37]는 보노보들이 어떤 결정적인 단계에서 인간의 언어 정보에 충분히 노출된다면 비록 그 수준이 높지 않을지라도 인간 문화에 참여할 수 있을 만큼 두뇌가 적응하고 재조직될 수 있다고 주장한다. 이는 보노보의 두뇌 가소성을 적극적으로 인정하는 관점이다.

언어 능력에 영향을 미치는 두뇌 부위를 콕 짚어 말하는 일이 어려울지 모른다. 그러나 실어증 환자가 계속 생겨나고 그것에 관심을 갖는 사람들의 연구가 끊이지 않는 한 두뇌 속 언어 프로그램을 인위적으로 만들어 내는 일이 불가능하지만은 않을 것 같다. 그렇게 만들어진 언어 프로그램을 침팬지나 코끼리의 두뇌에 이식하면 어떤 일이 벌어질까. 침팬지나 코끼리가 보통 사람들처럼 말을 할 수 있을까.

---

37. 수 새비지 럼버와 칸지는 8장에서 자세하게 소개된다.

8.

침팬지가 사람처럼 말을 할 수 있을까?
_동물의 언어 습득

눈치 100단의 말

수학 문제 하나를 풀어 보자. 5분의 2 더하기 2분의 1은 얼마일까. 분모를 서로 곱한 수를 분모로 삼고, 분모와 분자를 교차하여 곱한 수 두 개를 더해 분자로 하면 답이 나온다. 10분의 9가 답이다. 분수 덧셈은 우리나라에서 초등학교 5학년 수학 교육과정에 해당한다. 분수는 아이들이 수학 공부를 시작한 뒤 맨 처음 부닥치는 '강력한 적군들' 중 하나라고 불릴 정도로 어려운 개념이다.

1904년 이 어려운 분수식을 푸는 '똑똑한' 말이 나타났다. 그 말은 주인이 위 분수식을 질문하자 앞발로(?) 대답했다고 한다. 분자 9를 표현하기 위해 앞발로 땅을 아홉 번 차고, 분모 10을 나타내기 위해 똑같이 열 번을 찼다.

말이 가진 능력은 여기서 그치지 않았다. 숫자는 물론이고 어떤 수의 약수까지 이해하였다. 그는 시계나 음표를 보았으며, 심지어 사람들이 쓰는 말도 활용할 수 있었다. 단어와 문장 내용을 이해하고, 알파벳 하나하나를 이용하여 원하는 단어를 만든 후 답할 수 있었다고 한다.

말에게 이렇게 놀라운 능력을 가르친 사람은 젊은 시절 수학 교사로 일한 경력이 있었던 오스텐Herr von Osten이라는 사람이었다. 오스텐은 교육이 가져오는 놀라운 힘을 신봉한 사람이었다. 그는 교육이 사람뿐 아니라 동물에게도 가능하다고 생각하였다. 이를 증명하기 위해 러시아산 경주마 새끼 한 마리를 구한 뒤 그를 '제자' 삼아 초등학교에서 어린 이들을 가르치는 것처럼 수업을 진행하였다.

오스텐이 가르친 러시아산 새끼 말의 이름은 '한스Hans'였다. 사람들은 단어를 이해하고 숫자 계산을 할 줄 아는 한스의 능력에 놀라워하며 그의 이름 앞에 '영리한clever'이라는 수식어를 붙였다. 그렇게 해서 오늘날까지 유명한 '영리한 한스clever Hans'[38]라는 별명이 생겨났다.

한스가 정말 영리하였을까. 한스를 자세하게 관찰한 결과 이상한 사실이 발견되었다. 한스가 답을 말하기(?) 위해 활용한 것은 자신에게 문제를 내는 사람들의 미묘한 표정 변화와 동작이었다. 한스는 이를 통해 정답의 단서를 감지하는 것 같았다. 일종의 '커닝'을 한 것이다.

한스가 'boy'라는 단어를 만들어 내기 위해 자기 앞에 놓인 알파벳 카드를 선택하게 하는 실험 상황을 상상해 보자. 실험 관찰자[39]가 한스가 카드를 고르려고 할 때 무심결에 정답 카드(각각 'b', 'o', 'y'가 인쇄된 카드)가 놓여 있는 쪽으로 시선을 주거나 얼굴과 몸을 돌린다. 한스는 그 순간을 예리하게 포착하여 카드를 고른다. 훗날 한스에게 군중의 표정을 보지 못하게 하고 문제를 풀게 하자 '영리한' 한스는 '어리석게도'

---

38. 가령 사회학에서는 자신의 뚜렷한 주관이 없이 남이 시키는 대로 무비판적으로 행동하는 사람의 태도를 가리킬 때 '영리한 한스 증후군(Clever Hans Syndrome)'이라는 용어를 쓴다.
39. 오스텐이 그 역할을 담당한다고 이해하면 되겠다.

영리한 한스

멈추지 않고 계속 땅을 쳤다.

한스가 가진 '눈치 100단'의 감각은 그다지 놀라운 것이 아니었다. '영리한 한스'의 실체를 밝히는 데 결정적인 구실을 했던 사람은 베를린 대학에 다니던 대학원생 풍스트Oskar Pfungst였다. 그는 인간에게도 이와 같은 눈치 100단의 감각 능력이 있다는 것을 실험을 통해 밝혀냈다.

풍스트는 피실험자에게 문제를 알려 주지 않은 채 이미 정답을 알고 있는 관찰자를 보면서 미지의 문제에 대한 답을 추측하게 하는 훈련을 시킨 후 실험을 실시하였다. 놀랍게도 피실험자는 관찰자의 표정과 움직임을 보고 대략의 답을 알아챌 수 있었다고 한다.

한스는 주인 오스텐에게 짧은 명예의 시간을 선사한 뒤 오스텐의 부유한 보석상 친구가 운영하던 동물 학교로 팔려 갔다. 그곳에서 한스는 엄격한 훈련 방식 때문에 말 못할 고초를 수없이 겪으면서 험난한 생애를 살았다고 한다.

'영리한 한스' 이야기는 교육 효과를 무분별하게 맹신한 오스텐의 과욕과 신기한 것을 향한 사람들의 호기심이 결합하여 부풀려진 하나의 해프닝이었다. 그런데 한스가 사람의 미묘한 표정 변화에서 실마리를 잡아 계산 문제의 정답을 맞히는 모습은 궁금증을 자아낸다. 동물이 어떤 문제를 머릿속으로 생각하거나 사람이 쓰는 말을 이해할 수 있는 게 아닐까.

따라쟁이 침팬지, 말을 배우다

1980년대 이후에 등장한 독보적인 '언어 영웅'은 다음 장에 소개될 회색 앵무새 알렉스다. 알렉스 이전의 '언어 영웅' 자리는 오랑우탄, 고릴라, 침팬지, 보노보(피그미침팬지)가 차지하였다. 이들은 모두 생물학적으로 인간과 친척 관계에 있는 대형 유인원들이다.

유인원이 인간에게 특별한 관심을 이끌어 낸 까닭이 어디에 있었을까. 동물 언어와 관련하여 얼굴이 짧고 대뇌가 발달했으며 손과 발이 물건을 잡기에 적당한 영장류만큼 우리에게 많은 사실을 말해 주는 생물 종은 없을 것이다. 유인원과 사람은 모두 포유동물이면서 영장류

구아와 도널드

에 속한다.

그런데 한쪽은 고도로 발달한 상징체계인 언어를 만들어 쓰는 반면에 다른 한쪽은 그렇지 않다. 따라서 유인원이 인간이 쓰는 언어를 배울 수 있다면, 우리는 그 과정이 사람이 처음 말을 배우는 모습과 흡사할 것이라는 가정을 세울 수 있다. 또한 유인원의 언어 습득 과정을 추적하여 오늘날 우리가 쓰는 언어의 기원이나 그 진화 과정을 밝히는 흥미진진한 연구도 진행할 수 있다.

영장류를 대상으로 한 언어 실험은 주로 20세기 초반부터 중반에 걸쳐 이루어졌다. 1930년대 '구아Gua'와 1940년대 '비키Viki', 1960~1970년대 '와쇼Washoe', '사라Sarah', '래너Lana', '님 침스키Nim Chimpsky'[40]가 주인공들이다. 이들은 모두 침팬지였다.

구아는 1927년 윈스럽 켈로그Winthrop & Luella Kelloggs 부부가 기른

암컷 침팬지였다. 이들 부부는 생후 9개월 된 침팬지 구아를 자신들의 10개월짜리 아들 도널드와 함께 지내도록 하였다.

켈로그 부부의 목표는 침팬지가 얼마나 인간을 잘 흉내 내는지를 알아보는 데 있었다. 구아는 도널드와 동일한 환경에서 똑같은 대우를 받으며 지냈다. 그들은 구아에게 발성 연습을 시키지 않고 단어를 알아듣게 하는 실험[41]만 진행하였다. 그렇게 해서 구아는 19개월이 될 때까지 어휘 100여 개를 구별할 수 있게 되었다고 한다.

헤이즈 부부Keith & Kathy Hayes는 비키라는 침팬지에게 언어를 가르쳤다. 비키는 영장류 중 최초로 사람 발성 연습을 훈련한 주인공이었다. 비키는 케이드를 'papa'로, 케이시를 'mama'로 불렀다고 한다. 그 밖에는 발음하지 못하였다. 훗날 가드너 부부Allen & Beatrix Gardner가 비키의 훈련이 담긴 영상을 면밀하게 관찰한 결과 침팬지의 입술과 혀 구조, 후두나 인두의 위치 때문이었다고 한다.

가드너 부부는 비키의 실험 결과를 관찰하면서 새로운 실험 아이디어를 구상하였다. 그들은 발음 훈련 대신 침팬지의 두뇌 능력을 밝히는 쪽으로 연구 방향을 바꾸었다. 곧이어 이들 부부는 돌을 조금 지난 침팬지 와쇼를 입양하여 그에게 미국 수화American Sign Language를 가르쳤다.

---

40. '님 침스키'는, 세계적인 언어학자 놈 촘스키의 이름에 빗대어 말놀이 식으로 만든 이름이다. 촘스키는 인간이 선천적인 언어 습득 능력을 갖고 태어나지만 동물은 그렇지 않다고 주장하였다. 님 침스키를 실험한 허버트 테라스(Herbert S. Terrace) 미국 컬럼비아 대학교 심리학과 교수는 촘스키의 그런 주장을 검증하려고 하였다. 테라스와 촘스키는 언어 습득과 관련한 견해에서 서로 숙적 관계였다.

41. 이 실험은 9개월 만에 끝났다. 영장류를 대상으로 하는 비슷한 실험 연구가 장기간 프로젝트로 진행된 것과 달랐다. 일부에서는 구아를 '완벽하게' 흉내 낸 도널드 때문이었다고 말한다. 침팬지를 인간처럼 키우려는 목표를 달성하지 못하고 인간인 도널드가 도리어 침팬지가 될 뻔했기 때문에 실험을 중단했다는 것이다. 실제로 도널드는 실험이 끝난 시점인 19개월이 되었을 때 단어를 3개밖에 알지 못했다고 한다.

와쇼는 수화를 배우기 시작한 지 22개월이 지난 후에 수화 34개를, 4살이 되던 해에 85개를 익혔다. 14살이 되던 1979년 와쇼가 습득한 수화 언어 수는 250개 정도에 달하였다. 이는 와쇼가 말을 처음 배우기 시작한 아이와 비슷한 수준으로 단어를 사용할 수 있게 되었다는 것을 뜻하였다. 와쇼는 영장류 중에서 최초로 수화를 할 줄 아는 주인공으로 알려졌다.

1973년 말 허버트 테라스는 행동주의 이론을 주창한 스키너의 제자로 명성을 얻고 있었다. 테라스는 영장류의 언어 습득 연구를 위해 생후 2주일 된 침팬지 님 침스키를 입양하였다.[42] 와쇼에게 수화를 가르친 가드너 부부처럼, 테라스는 침스키에게 4년여 동안 수화를 가르쳤다. 침스키를 훈련하는 데 연인원 60명의 트레이너가 동원되었다. 그 결과 침스키는 3년 8개월이 되는 시점에 수화 125개를 습득하였다. 가드너 부부가 가르친 침팬지 와쇼나 패터슨이 가르친 고릴라 코코[43]와 비슷한 수준이었다.

1979년 테라스는 〈사이언스〉에 침스키와 함께 진행한 실험 연구의 한계를 고백하는 내용을 담은 논문을 발표하였다. 테라스가 보기에 침스키는 단어를 이해할 수 있었지만 구사하는 수화가 문법적인 체계에 맞지 않았다. 또한 트레이너들이 실험을 과장해 보고함으로써 침스키의 언어 능력이 잘못 계산되었다고 솔직하게 고백하였다. 실제 테라스가 실험 비디오를 자세히 관찰한 결과 침스키의 수화 중 88퍼센트는 트레이너를 단지 흉내 낸 것일 뿐이었다. 침스키가 자발적으로 수화를 한 비율

---

42. 이후 침스키는 주로 '님'이라는 애칭으로 불린다.
43. 아래에서 소개된다.

은 12퍼센트에 불과했다고 한다.

테라스는 논문 말미에서 와쇼와 코코에 대한 연구에 대해서도 평가하였다. 와쇼와 코코가 조련사의 실마리에 반응을 보이기는 했어도 그것을 적극적인 사고나 의사소통 행위의 증거라고 볼 수 없다는 내용이었다. 대신 그는 언어를 사용하는 듯한 침팬지나 고릴라의 행동이 훈련을 통한 모방에서 비롯되었다고 보았다.

테라스의 언급은 큰 파장을 가져왔다. 논문 내용이 언론 매체를 통해 대중적으로 널리 알려지면서 동물의 언어 습득에 대한 회의론이 급격하게 커졌다. 그 결과 동물 언어 연구에 지원되던 연구 기금이 크게 줄어들었다. 와쇼를 대상으로 실험을 진행하던 가드너 부부도 사실상 연구를 중단하게 되었다.

1966년에는 프리맥 부부David & Ann Premack가 침팬지 사라를 대상으로 연구를 진행하였다. 이들은 특정 단어에 해당하는 서로 다른 모양의 플라스틱 판을 이용해 사라를 훈련시킨 뒤 사라가 온전한 문장을 만들어 사용했다고 보고하였다.

언어학 교과서에 널리 소개되어 있는 사라의 훈련은 이렇게 진행된다. 프리맥 부부가 사라에게 '사라Sarah', '넣어라insert', '사과apple', '접시dish', '바나나banana', '물통pail'에 해당하는 플라스틱 기호를 순서대로 제시한다. 사라는 사과와 접시, 바나나를 한꺼번에 물통에 집어넣지 않고 사과는 접시에, 바나나는 물통에 넣는다.

이런 실험을 통해 프리맥 부부는 사라가 생략된 단어까지 알고 있었다고 주장하였다. "Sarah insert apple dish, (and insert) banana pail."이라는 문장에서 괄호를 친 'and insert'를 이해했기 때문에 사과와 바나나를 각기 다른 곳에 넣었다고 본 것이다.

고릴라와 보노보의 역습

1960~1970년대의 '말하는 원숭이(?)'는 고릴라 '코코Koko'와 보노보 '칸지Kanzi'다. 코코는 동물학자 프랜신 패터슨Francine Patterson이 1972년 7월부터 수화를 가르친 암컷 고릴라였다. 6개월 만에 "수화로 능숙하게 대화하는 최초의 고릴라"라는 찬사를 받은 코코는 현재까지 수화 단어 1000개 이상을 표현하고 이해하게 되었다고 한다. 코코가 갖고 있는 이와 같은 어휘력은 유아기 인간 수준에 해당한다.

코코의 아이큐IQ는 검사 결과 85~95 정도였다. 그런데 그 검사지는 '인간이 만든' 것이므로 '고릴라인' 코코가 검사지를 푸는 과정에서 실수를 저질렀을 가능성을 배제할 수 없다. 이를 고려하여 어떤 연구자들은 코코의 아이큐가 검사 결과보다 높았을 것으로 보기도 한다.

일부 연구자들은 코코 머릿속에 '언어 능력'과 관련된 부분이 있을 것이라고 말한다. 실제 코코가 수년 동안 보여 준 언어 능력은 믿기 어려울 정도였다. 나름대로 상당한 언어 능력을 보여 주면서 인기를 끈, 와쇼나 사라와 같은 말하는 선배 침팬지들에게는 그야말로 '역습'과도 같았다.

어느 날 코코가 입에 재갈이 물린 말을 보고 '말이 슬프다'는 감정을 표현하였다. 패터슨이 이유를 묻자 코코는 '이빨'이라고 대답했다고 한다. 언젠가 코코는 인간 음성을 흉내 낸 '죽어가는 말소리'로 전화 교환원에게 전화를 걸기도 했다고 한다. 그 소리에 겁을 먹은 전화 교환원은 부랴부랴 전화번호를 추적하는 소동까지 벌였다고 한다.

더 흥미로운 이야기도 있다. 어느 날 패터슨은 코코가 빨간 크레용을 씹은 것을 보고 "설마 이 크레용을 먹으려고 한 건 아니지?" 하고 물었다. 그러자 코코는 수화로 "입술."이라고 대답하면서 입술에 립스틱을 바르듯이 빨간 크레용으로 입술을 칠했다고 한다. 장난으로 크레용을 씹은 것을 감추기 위해 립스틱을 바르던 중이었다고 거짓말을 한 것이다.

일부 언어학자들은 이 일화를 예로 들어 코코가 인간 언어의 중요한 자질인 '전위성轉位性, displacement'을 보여 주었다고 보기도 한다. 전위성은 인간이 쓰는 언어가 '현재' '이곳'에서 일어난 일 외에 '과거'와 '미래', 또는 '저곳'과 '그곳', '가까운 곳'과 '먼 곳'의 일을 전달할 수 있음을 가리킬 때 쓰는 말이다. 거짓말 역시 인간 언어의 전위성을 보여 주는 예다.

코코의 뒤를 이어 언어 영웅의 왕좌를 차지한 동물은 인류의 사촌격 유인원인 보노보 칸지였다. 인간은 침팬지와 유전자 구성이 98퍼센트 넘게 일치하는데, 보노보와는 비슷한 특성을 더 많이 공유한다고 한다. 언어를 매개로 칸지와 함께 운명적인 삶을 꾸려 간 주인공은 앞에서 잠깐 소개한 수 새비지 럼버였다.

럼버가 처음 언어를 가르치려고 한 주인공은 칸지 양엄마 마타타 Matata였다. 럼버와 마타타가 공부할 때 칸지는 둘의 어깨 사이로 눈앞에 펼쳐지는 상황을 지켜보았다. 어느 날 칸지가 '렉시그램lexigram'으로 불리는 그림 키보드[44]를 조합해 자신이 무엇인가를 원한다는 메시지를 표현하였다. 이는 식구들이 하는 말소리를 들으면서 아이들이 자연스럽

렉시그램을 보고 있는 칸지

게 언어 작동 원리를 익히는 방식과 흡사하였다.

럼버는 칸지에게 풍부한 언어 환경을 만들어 주었다. 또한 칸지 스스로 상징 기호를 사용할 수 있도록 유도하였다고 한다. 칸지와 함께 놀아주거나 털을 손질해 주면서 규칙적으로 말을 걸고, 렉시그램을 가리키면서 단어를 말하였다.

그전 다른 유인원들은 인위적이고 조작적인 훈련을 받으면서 주어진 상황에서 특정한 대답을 하도록 길들여졌다. 1960년대 와쇼만 하더라도 실험자의 말을 들으면서 적극적으로 의사소통을 하지 못하였다. 와쇼는 하나의 기호를 배우기 위해 언어 훈련을 수만 번 되풀이했다고 한다. 교

---

44. 일종의 그림 문자로, 각각의 렉시그램에는 특정한 단어나 행동을 지시하는 시각 기호가 그려져 있다.

실에서 교사 지시와 가르침에 따라 주어진 단어를 수동적으로 배우는 학생 같았다. 그래서 럼버는 와쇼의 언어 능력이 진정한 것이 아니라고 보았다.

칸지는 몇 년 동안 먹이를 자유롭게 먹으면서[45] 키보드 조작법을 배웠다. 그렇게 해서 칸지는 영어 음성으로 된 명령과 질문 들을 이해하고, 렉시그램을 사용하여 대답할 수 있게 되었다. 럼버는 칸지가 "그 공을 보여 줘.", "그 뱀 그림을 내게 가져와.", "네 엉덩이를 간질여도 돼?"와 같이 전에는 들어 보지 못한 문장 수백 개를 정확하게 이해할 수 있었다고 보고하였다.

2002년 미국 하버드 대학교에서 열린 언어진화학회 학술 발표회에서 당시 조지아 주립 대학교 언어 연구 센터에 근무하던 하이디 린Heidi Lyn 이 칸지에 관한 아주 인상적인 관찰 경험을 소개하였다.

어느 날 럼버가 칸지에게 당근에 물을 부으라고 말하였다. 그러자 칸지가 당근을 바깥으로 던졌다고 한다. 럼버는 칸지가 자신의 말을 잘못 알아들었다고 여겨 다시 요청하였다. 칸지는 손가락으로 창밖을 가리켰다. 그때 밖에서는 비(!)가 내리고 있었다.

현재 칸지는 렉시그램 256가지를 사용해 인간과 의사소통하고 있다고 한다. 최근 한 실험에서 칸지는 어린이들과 함께 "모자에 사과를 넣으시오."와 같은 과제 660여 가지를 수행했다고 한다. 칸지가 사용하는 렉시그램은 학습 장애를 가진 아이들에게 언어를 가르치는 데 응용되고 있다고 한다.

---

45. 이는 이전의 다른 실험들이 먹이를 통해 유인원이 과제를 수행하도록 유도한 것과는 다른 방식이다.

오만한 비트겐슈타인

인간만이 언어적 사고를 한다는 생각은 이제 구시대의 유물이 돼 가고 있는 듯하다. 이 생각이 옳다면 칸지나 코코나 와쇼 같은 유인원들이 사람 말을 알아듣거나 문장을 만들어 내는 일은 힘들었을 것이다.

동물 언어의 존재를 부정하거나, 동물 언어를 연구하는 사람들과 그들이 수행한 연구 결과를 비판하는 사람들도 있다. 오스트리아 출신의 세계적인 언어철학자 비트겐슈타인은 "사자가 말을 할 수 있더라도 우리는 그것을 알아듣지 못할 것이다."라고 비꼬았는데, 그의 말은 동물 언어의 가능성을 원천적으로 배제하는 것처럼 들린다.

유인원들은 유전적으로 사람과 아주 가깝다. 나는 이런 사실이 단지 우연적인 진화 결과만은 아닐 것 같다는 생각이 든다. 유인원들을 대상으로 한 언어 습득 훈련에서 나름대로 일정한 성과가 나오는 것도 유인원과 인간 사이에 서로 통하는 구석이 있기 때문이 아닐까.

유인원의 언어 습득에 관한 연구 결과에 따라 우리는 언젠가 오늘날 인간이 쓰는 언어의 진화 과정이나 기원을 밝힐 수 있는 실마리를 얻을지 모른다. 그렇다면 '사자의 말' 운운하며 동물 언어 연구자들을 비판하는 것처럼 들리는, '천재 철학자' 비트겐슈타인의 오만한 콧대도 조금은 납작해지지 않을까.

우리가 사는 지구에는 유인원 외에도 수많은 동물이 있다. 그들은 모두 자기 종 나름의 고유하고 독특한 체계를 사용하여 서로 의사소통한다. 그들의 의사소통 체계는 인간이 흉내 낼 수 없는 것들이지만, 그들은 서로 활발하게 '대화'를 나누면서 살아간다. 그들에게는 자음과 모음

이 없지만 인간 이상으로 자기들만의 복잡한 언어 네트워크를 만들어
쓴다.

9.

꿀벌에게도 말이 있을까?
_동물의 의사소통

고릴라 사피엔스?

앞에서 자신들만의 특별한 방식으로 사고하는 것처럼 보이는 몇몇 동물을 만나 보았다. 고릴라나 침팬지 같은 유인원을 대상으로 한 인간 언어 습득 실험을 근거로 언젠가 '고릴라 사피엔스(생각하는 고릴라)'가 언어를 가질 수 있는 상황을 기대하는 사람이 있을지 모르겠다. 그런데 적어도 현재까지는 고릴라나 침팬지가 언어를 가질 확률이 그리 높아 보이지 않는다.

영장류 전문가인 클라우스 주베르뷜러Klaus Zuberbühler 스코틀랜드 세인트 앤드류 대학교 교수는 이 문제를 진화 과정 차이로 설명한다. 사람은 어느 특정한 진화 시기에 각자 가진 정보를 서로 나누려는 욕구를 발달시켰다. 우리는 이를 먼 과거 조상 인류들이 의사소통 필요성을 강하게 가진 것이라고 해석할 수 있다.

주베르뷜러는 그러한 욕구가 점점 발달하면서 진화 과정에서 압력처럼 작용하여 말문이 트였다고 본다. 반면 침팬지와 유인원에게는 그와 같은 진화 과정의 압박이 없어 인간처럼 언어를 만들어 서로 이야기를 나눌 필요를 느끼지 못하였다. 이런 주장은 조금 허무한 순환 논법에 바탕을 두고 있다. 이런 식이다.

"침팬지는 인간과 달리 정보를 전달하려는 욕구가 없다. 그러므로 침팬지에게는 언어가 없다."

침팬지들이 서로 이야기를 나누는 일에 특별한 흥미를 갖고 있는지 없는지 어떻게 알 수 있을까. 미국 하버드 대학교에서 동물의 의사소통을 연구하는 마크 하우저Mark Hauser 박사는 이 문제를 인간과 유인원의 신경계가 보여 주는 상호작용 차이를 통해 설명한다.

인간 두뇌의 신경계는 그물처럼 서로 복잡하게 얽혀 있으면서 활발하게 상호작용을 한다. 그 덕분에 언어 구사와 같은 고도로 복잡하고 추상적인 능력을 갖추게 되었다. 반면 유인원의 두뇌 신경계들은 서로 자유롭게 상호작용하지 못하고 각각의 제한적이고 폐쇄적인 영역에 갇혀 있다.

그런데 유인원을 포함하여 다른 동물들은 인간과 질적으로 다른 방식으로 자신들만의 의사소통을 전개한다. 인간 언어가 없다는 사실이 동물들에게는 아무런 문제가 되지 않는다. 발음 기관 유무도 그들이 고유의 '언어'를 구사하는 데 별다른 영향을 주지 못한다. 그들은 기나긴 진화 과정 속에서 자기들 나름의 '언어 사용법'을 아주 훌륭하게 터득하였다.

말 없이 말하는 동물들

코끼리는 지구에서 아주 큰 덩치를 자랑하는 동물들 중 하나다. 그 큰 덩치 때문에 가끔 둔해 보이기도 하지만, 코끼리는 이루 말할 수 없을 정도로 영리하고 섬세하다.

코끼리 무리는 잘 짜인 씨족 사회처럼 끈끈한 유대감을 바탕으로 살아간다. 여기에는 아주 다채로운 소리로 이루어진 그들만의 의사소통 체계가 자리 잡고 있다. 코끼리들은 다양한 의사소통 상황에서 낮은 울림소리나 굉음, 으르렁거리는 소리나 쿵쿵거리는 소리나 울부짖는 소리들을 활용한다.

이들 중 특별히 주목해야 하는 소리가 14~35헤르츠 주파수대에 있는 낮은 울림소리다. 30헤르츠 이상 소리는 오르간 베이스의 깊은 울림

코끼리 무리

처럼 사람에게도 잘 들리지만 코끼리들이 내는 낮은 울림소리는 주파수 대역이 낮아 사람 귀로 듣기 어렵다. 그런데 코끼리들은 이 소리를 이용하여 초원이나 숲에서 서로 자연스럽게 메시지를 주고받는다.

과학자들은 암수 코끼리가 주고받는 구애 노래가 이런 초저주파로 작곡된 것이라는 사실을 밝혀냈다. 첨단 원격 소리 측정기와 타이머로 확인해 보았더니 코끼리들은 최대 4킬로미터 거리를 사이에 두고 3분 동안 계속 서로 사랑의 노래를 불렀다고 한다.

코끼리가 주고받는 이 초저주파의 불가청음不可聽音(귀로 들을 수 없는 소리)을 무엇이라고 보아야 할까. 발정과 교미, 번식을 할 때 내므로 본능적인 외침처럼 보인다. 그들만의 일정한 신호 체계가 반영되어 있기 때문에 확장된 의미의 '언어'처럼 보이기도 한다.

코끼리들은 아프리카 초원이나 숲에서 서로 수 킬로미터 떨어져 있어도 계속 거의 같은 속도로 방향을 조정할 수 있다고 한다. 이러한 능력은 본능적으로 타고난 방향 감각에서 비롯됐을까, 초저주파 소리로 이루어진 그들만의 '언어' 덕분일까. 본능적인 감각이든 '언어'든 그들의 소리 체계를 완벽하게 밝혀낼 수 있다면 우리는 살아 있는 '닥터 두리틀'[46] 이 될 수 있을 것이다.

사전에서는 언어를 "음성이나 문자를 수단으로 하여 사람의 사상이나 감정을 표현하고 의사를 전달하는 수단과 체계"라고 정의한다. 그런데 이 사전을 쓴 주인공은 사람이다. 꿀벌이나 개미 제국에 사전이 있고, 거기에도 '언어'라는 표제어가 있다고 가정해 보자. 꿀벌 사전과 개

---

46. 동물과 자유자재로 의사소통을 하는 의사 이야기를 그린 미국 영화 〈닥터 두리틀 (Doctor Dolittle)〉의 주인공 이름이다.

미 사전 편찬자들도 '음성'이나 '문자'라는 단어를 쓸까. 나는 그들이 '8자 춤'이나 '페로몬pheromone'[47]을 넣어 자신들의 언어를 정의할 것 같다.

'음성'이니 '8자 춤'이니 '페로몬'이니 하는 것들은 표면적인 특성이 서로 다르다. 그런데 본질적으로는 어떤 '메시지'를 전달하기 위한 수단의 의미를 갖는다는 점에서 서로 비슷하다. 이렇게 본다면 우리는 언어를 "지구상의 생물 종이 서로 정보를 주고받기 위해 활용하는 모든 수단이나 매개체"라고 폭넓게 정의할 수 있다.

이런 정의를 따를 때 우리가 이미 쓰고 있는 다양한 '언어' 유형들, 가령 표정 언어, 몸짓 언어, 수화 언어, 수학 언어, 컴퓨터 언어 들도 온전히 그 자리를 차지할 수 있다. 사람이 쓰는 언어만을 '진짜 언어'로 고집하지 않는 한 우리는 '꿀벌 언어'나 '개미 언어', 심지어 '개구리 언어'도 인정할 수 있다.

무게 1밀리그램, 점 두뇌의 위력

동물 언어를 찾아가는 여행의 첫 번째 장소로 꿀벌 제국을 찾아가 보자. 두뇌 무게 1밀리그램에 어른 손톱만 한 크기의 꿀벌은 여왕벌과 일벌과 수벌의 3계급 체제로 구성되는 대제국을 이루며 산다. 꿀벌 제국은 매우 치밀하고 체계적인 조직으로 유명하다. 꿀벌들은 그들 나름의 독특한 언어인 8자 날개 춤을 통해 제국의 생존과 운영을 도모한다.

---

47. 동물이나 곤충이 체외로 분비하여 동류(同類)에게 어떤 행동을 일으키도록 하는 물질을 말한다. 개미가 의사소통을 할 때 주로 활용한다.

꿀벌 제국 언어인 8자 춤은 1973년 노벨 생리의학상을 수상한 동물 비교행동학자 카를 폰 프리슈Karl von Frisch, 1886~1982를 통해 밝혀졌다. 프리슈가 연구한 대상은 유럽 꿀벌European honeybee이었다. 그가 밝힌 꿀벌 언어 시스템은 다음 순서에 따라 작동된다.

㉠ 탐색벌(선발대로 나가 꿀을 찾는 구실을 하는 일벌)이 선발대로 나가 꿀을 찾는다.

㉡ 꿀을 찾은 탐색벌이 돌아와 벌집 벽 쪽을 향한 후 아래와 같이 8자 춤을 춘다.

- 밀원蜜源(꿀이 있는 장소)은 춤 궤적으로 표현한다.

- 밀원까지 거리는 춤 횟수(속도)로 표현한다.

- 꿀의 질은 춤이 활기찬 정도로 표현한다.

㉢ 일벌들이 탐색벌의 8자 춤 정보를 해석한 뒤 밀원으로 날아가 꿀을 딴다.

더 구체적으로 알아보자. 탐색벌은 꿀이 있는 곳이 태양 방향과 같은 곳이면 8자를 옆으로 눕혔을 때 가운데 수직선을 기준으로 위를 향하는 궤적을 따라 춤을 춘다. 꿀이 있는 밀원 방향이 태양과 반대쪽이면 탐색벌은 옆으로 누운 8자의 수직선 방향이 아래로 향하게 하여 춤을 춘다.

8자 춤의 횟수와 활기찬 정도는 밀원까지 거리나 꿀의 질을 알려 준다. 프리슈 박사의 조사 결과 탐색벌이 15초 안에 8자 춤을 10번 추면 100미터, 6번 추면 500미터, 4번 추면 1500미터 가량 떨어진 곳에 꿀이 있었다고 한다. 춤을 추는 속도와 밀원까지 거리가 반비례 관계임을 알 수 있다. 유럽 꿀벌은 최대 11킬로미터 정도 떨어져 있는 밀원까지 거리를 정확하게 알려 준다고 한다.

유럽 꿀벌이 모든 상황에서 완벽하게 자신들의 '언어'를 구사한 것은 아니었다. 잔인한(?) 프리슈 박사는 꿀벌들을 강제적으로 걷게 해서 밀원까지 가게 하였다. 불쌍한 꿀벌들은 벌집과 밀원 사이 거리를 최대 25배까지 잘못 계산했다고 한다. 프리슈 박사는 벌집 위치에서 수직으로 길이가 50미터 정도 되는 나무 대를 세우고 그 위에 꿀을 얹어 놓은 후 꿀벌에게 그것을 맛보게 하는 실험을 하기도 하였다. 이 실험에 동원된 꿀벌들도 꿀의 위치를 정확하게 가르쳐 주지 못했다고 한다.

이와 같은 연구 결과는 꿀벌의 '언어'에 상당한 한계가 있다는 것을 말해 준다. 꿀벌은 새로운 조건(날아가는 대신 걸어가기)이나 환경(수평이 아닌 수직의 밀원 위치)에 맞게 창의적인 신호를 만들어 내지 못하였다. 그럼에도 불구하고 꿀벌들이 자신들만의 신호(춤)로써 체계적으로 교신한다는 사실은 많은 사람을 놀라게 하였다. 프리슈 박사의 연구 결과는 동물들의 다양한 신호나 통신 방법, 의사소통 수단이나 매개체로서 동물 언어에 대한 연구에 많은 영향을 주었다.

동물 언어 여행의 다음 방문지는 개미굴이다. 지구에는 1만 2000~1만 4000종 정도로 추산되는 다양한 개미 종이 살고 있다. 꿀벌과 마찬가지로 이들 개미 종은 거대한 집단 형태로 조직적인 사회생활을 해 나간다. 보통 개미 한 무리의 기본 개체 수는 100만 마리를 뛰어넘는다.

거대한 개미 제국의 공용어에서는 개미들의 가냘픈 몸짓이나 그들만의 독특한 분비 물질인 페로몬이 기본 요소로 활용된다. 개미들은 이를 통해 50여 가지가 넘는 신호를 전달할 수 있다. 특히 개미들은 페로몬을 분비하여 같은 종족에게 어떤 행동을 하게 하는 데 탁월한 능력을 발휘한다. 그래서 개미의 신호 체계를 흔히 '페로몬 언어'라고 부른다.

개미의 페로몬 언어를 완벽하게 아는 이는 아무도 없다. 현재 우리가 개미의 페로몬 언어에 대하여 알고 있는 것은 빙산의 일각에 불과할지 모른다. 나는 개미들이 우리 인간이 상상하는 것 이상으로 고도로 조직적인 신호 체계를 사용하면서 살고 있는 것처럼 보인다. 몇 밀리미터도 되지 않는 조그만 개미들이 무리를 지어 거대한 먹이를 옮기거나, 다른 개미 제국과 전쟁(?)을 치르러 가는 것처럼 일렬로 행진을 하는 개미떼를 '오합지졸'로 보기는 어렵다. 그런 개미의 두뇌 크기는 문장 끝에 찍는 마침표('.') 정도밖에 되지 않는다!

'새 머리'는 사양합니다

땅속을 거쳤으니 이제 공중에 있는 새들 왕국으로 가 보자. 조류 언어에 대한 연구 분야에서는 알렉스가 가장 유명하다. 알렉스는 미국 매사추세츠 공과대학교 소속 조류학자 이렌느 페퍼버그Irene M. Pepperberg가 박사 과정 중이던 1977년 6월부터 키우기 시작한, 13개월 된 아프리카회색앵무새였다. 아프리카회색앵무새는 아마존앵무새와 더불어 조류뿐 아니라 동물계 전체에서 인간의 말을 가장 잘 따라 하는 동물로 정평이 나 있다.

페퍼버그는 알렉스를 애완동물 가게에서 구해 와 영어를 가르쳤다. 또

이렌느 페퍼버그와 앵무새 알렉스

한 인간의 새로운 기술 습득과 사회화 과정에 대한 연구법을 빌려 와 알렉스를 훈련시켰다. 이런 과정을 통해 그는 알렉스가 단순히 인간이 쓰는 말을 흉내만 내는 것이 아니라 그 의미까지 이해하고 있는 것 같다고 주장하였다.

알렉스는 다양한 음성 부호를 이용해 물건을 구별하거나 무엇인가를 요구하는 실험 들에서 평균 80퍼센트의 정확도를 보여 주었다고 한다. 예컨대 실험자가 자주색 금색 열쇠와 이보다 더 큰 녹색 플라스틱 열쇠를 들고 "알렉스, 몇 개지?" 하고 물으면, 알렉스는 15초가 지난 후 "둘." 이라고 대답하였다. "어느 것이 더 크지?"라는 후속 질문에는 곧장 "녹색 열쇠."라고 말하였다. 또 알렉스는 페퍼버그가 나무로 된 아이스크림 막대를 가리키며 "무슨 재료지?" 하고 물었을 때 짧지 않은 침묵의 시간을 보낸 후 정확하게 "나무."라고 답변했다고 한다.

페퍼버그는 조련사들과 함께 12년 동안 알렉스에게 수많은 과제를 내주며 언어 습득 실험을 진행하였다. 그 결과 알렉스는 바나나, 코르크, 의자 등 물건들을 최대 100여 가지까지 구별할 수 있게 되었다. 이 밖에도 알렉스는 여러 가지 모양을 언어로 묘사했으며, 물건 수효를 6개까지 헤아릴 수 있었다고 한다.

알렉스는 2007년 31살 나이로 마지막 숨을 거두었다. 노환이었다고 한다. 미국 〈뉴욕 타임스New Times〉 기사에 따르면 알렉스는 죽기 전날 페퍼버그 박사에게 다음과 같은 인사말을 남겼다고 한다.

"착하게 있어. 사랑해."

알렉스는 본격적인 추론을 하지 못하였다. 대형 유인원과 달리 전날 일이나 다음 날에 하고 싶은 일에 대해 침묵을 지켰다. 하지만 훈련을 통해 여러 가지 감정을 표현하거나 기초적인 대화를 나누는 등 '언어생활'을 충분히 할 수 있었다고 한다. 〈뉴욕 타임스〉는 2007년 9월 12일 게재한 사설 한 토막에서 앵무새 알렉스의 죽음을 기리며 다음과 같이 말하였다.

"동물들에 대해, 특히 동물들이 생각할 수 있는지에 대해 생각한다는 것은 세상을 양면 거울로 들여다보는 것과 같다. (중략) 이 연구의 가치는 우리 주위에 있는 동물들을 우리가 얼마나 하찮게 여겨 왔는지 새삼 깨닫게 했다는 데 있다."

흔히 사람들은 머리가 나쁜 사람에게 '새 머리'라는 말을 쓰며 조롱한다. 알렉스는 그렇게 '새' 전체를 모욕하는 사람들에게 통쾌한 한 방을 먹었다.

두리틀 박사 후예들

두리틀 박사를 꿈꾸는 이들이 있었다. 그들은 이른 시기부터 꿀벌 언어나 말하는 앵무새를 뛰어넘으려고 하였다. 포유류인 개와 말과 코끼리와 고래 들에게 시선을 주고 인간이 쓰는 말을 가르치려고 하였다. 역사에 등장하는 최초 사례는 아마 영국인 존 러벅John Lubbock이 아닐까 한다. 그는 1884년에 '번'이라는 개에게 단어를 가르쳤다.

그때부터 120년 후쯤 독일 카민스키Kaminsky 그룹이 10살짜리 수컷 보더콜리 종Border Collie '리코Ricco'를 대상으로 언어 습득 실험을 하였다. 리코는 맹검법盲檢法[48]을 이용한 훈련을 통해 단어 250여 개를 알아들었다고 한다.

앞 장에서 살핀 '영리한 한스'는 맹검법이 제대로 적용되지 않은 사례였다. 한스는 실제로 말을 이해한 것이 아니라 주인 오스텐의 몸짓이나 표정 변화를 보고 답을 맞힌 것처럼 보였다. 리코에게는 맹검법이 철저하게 적용되었다. 리코는 서로 다른 물건이 놓인 방에 혼자 있으면서 실험자의 표정이나 행동을 볼 수 없었다. 실험자는 다른 방에서 무작위로 선택한 단어(물건의 이름)를 말한 후 리코에게 그 물건을 가져오게 하였다.

---

48. 의학이나 심리학 분야에서 과학적인 실험이나 관찰을 위해 널리 사용하는 기본 원칙이다. '맹검'이라는 명칭은, 피실험자가 실험자를 볼 수 없도록 실험자가 피실험자를 '맹인(盲人)'의 조건에 놓이게 한 뒤 어떤 '검사'를 실시한다고 해서 붙여졌다.

두리틀 박사 후예들이 동물 언어를 알아보기 위해 찾아간 또 다른 곳은 바다였다. 그곳에는 지구에서 조류와 호미니드를 제외하고, 복잡하면서도 쉽게 들을 수 있는 소리를 자발적으로 주고받을 수 있는 유일한 동물인 고래가 살고 있다.

'고래 언어'를 잘 이해하기 위해서는 우리가 들을 수 있거나 들을 수 없는 다양한 소리 유형의 특징에 대해서 조금 알아 둘 필요가 있다. 자연계에서 동물들이 내는 소리는 아주 다양한 주파수 영역에 걸쳐 있다. 이들 소리 중에는 사람 귀로 감지할 수 없는 것들이 상당히 많다.

평균 15살 정도 된 인간이 정상적인 대화에서 들을 수 있는 소리 범위는 30~1만 8000헤르츠 사이이다. 자연계에는 이와 같은 가청可聽 범위를 넘어서는 소리들이 아주 많은데, 긴수염고래나 흰긴수염고래가 내는 초저주파 불가청음infrasound이 대표적이다. 이 소리는 30헤르츠 아래의 낮은 주파수로 만들어진다. 우리에게 친숙한 돌고래가 사용하는 소리는 1만 8000헤르츠 이상의 고주파수로 이루어진 초음파ultrasound다.

고래 언어에 대한 연구는 원래 비밀 군사 작전에 이용하기 위한 수중 음파 탐지 연구의 하나로 실시되었다고 한다. 최근에는 고래들이 서로를 부르기 위해 주고받는 소리와 반향 정위 신호에 연구 초점이 맞춰져 있다고 한다. '반향 정위反響 正位'란 동물이 발사한 초음파의 반향(울림)으로 사물의 존재와 위치를 파악하는 것을 말한다. 고래류뿐 아니라 동굴 속에 사는 박쥐류도 반향 정위를 이용하여 먹이의 존재와 위치를 감지한다고 한다.

고래는 최대 25만 6000헤르츠 소리까지 낼 수 있다. 이는 사람이 감지할 수 있는 고음의 최대 12배 이상 수치에 해당한다고 한다. 고래류는 이렇게 폭넓은 음역音域에 있는 소리를 활용하여 갖가지 신호를 주고받는다. 범고래는 시계가 재깍거리는 듯한 소리를 이용하여 음파를 탐지한다. 8킬로미터나 떨어진 곳에까지 들리는 소리를 이용하여 무리의 방향을 파악한다. 대형 크루저선이 보통 속도로 달릴 때 내는 초강력음을 통해 자신의 위치를 가늠하는 흰긴수염고래도 있다.

두리틀 박사 동조자들은 동물 언어를 자연스럽게 받아들이지만, 이들 반대편에 있는 사람들이 내리는 평가는 냉정하다. 그들에게 언어는 인간의 전유물이자 특권이다. 동물 언어는 진정한 의미의 '언어'가 아니라 '신호'일 뿐이다. 그들은 동물들의 단순한 신호 체계를 '언어'라고 부르는 것이 논리적으로 타당하지 않다고 말한다.

그들 말이 틀린 것은 아니지만, 거기에는 유의해야 할 점이 몇 가지 있다. 예컨대 꿀벌의 8자 춤을 언어나 신호 중 무엇으로 부르든 그것은 모두 우리 인간이 규정해 놓은 것이라는 점이다. 그러니 돌고래 공연장에서 조련사와 함께 훈련을 하는 돌고래 마음속에 다음과 같은 '생각(말)'이 있다고 말할 수 있지 않을까.

'너희는 왜 그렇게 우리를 힘들게 해?'

10.

말이 없어도 생각을 할 수 있을까?
_언어와 사고의 관계 (1)

개와 아기의 공통점?

영국 철학자이자 수학자인 버트런드 러셀Bertrand Russel, 1872~1970 은
자서전에 다음과 같은 유명한 말을 남겼다.

> "개는 그의 자서전에 관여할 수 없다. 개는 호소력 있게 짖
> 을 수 있지만 자신의 부모가 가난하지만 정직했노라고 말하지
> 못한다."

언어 철학 분야 선구자인 루트비히 비트겐슈타인Ludwig Wittgenstein,
1889~1951도 러셀과 비슷한 말을 한 적이 있었다. 이번에도 애꿎은 개가
주인공으로 등장하였다.

> "개는 '아마 내일 비가 올 거야'라는 생각을 할 수 없다."

영국의 유명 시인이자 비평가였던 콜리지Samuel Taylor Coleridge,

1772~1834는 어느 날 머릿속으로 매우 강렬한 이미지를 담고 있는 한 장면이 스치듯 지나가는 경험을 하였다. 그는 그 순간의 시각적 이미지를 되살려가며 단번에 40행의 시를 적어 내렸다고 한다.

나는 막내딸 첫돌 즈음에 간지럼 장난에 푹 빠져 있었다. 내가 두 손을 들어 간질이는 동작을 취한다. 그러고는 딸의 겨드랑이를 겨냥해 손을 움직여 가며 노래를 부르듯 "똥글이(막내딸의 별명)를 간지럽히면"이라고 말하면 막내딸은 두 손을 마구 내저으면서 커다란 웃음소리를 냈다.

러셀과 비트겐슈타인의 말, 콜리지와 우리 집 막내딸 이야기는 우리에게 언어와 사고, 말과 생각 사이 관계에 대하여 중요한 질문을 제기한다. 러셀과 비트겐슈타인의 '개'에게는 언어가 없다. 러셀과 비트겐슈타인이 보기에 개들은 자신의 다정했던 엄마와 아빠, 내일의 궂은 날씨를 생각할 수 없다. 그런데 엄마 개, 아빠 개와 함께 즐겁게 뛰노는 강아지들의 머릿속에 '우리 엄마, 우리 아빠 최고!' 같은 생각이 있는지 없는지 우리가 어떻게 알 수 있을까.

콜리지는 순간적으로 본 이미지를 떠올리면서 짧지 않은 시를 써 내렸다. 그때 그의 머릿속에는 어떤 언어도 없었다. 내 간지럼 장난을 바라보는 막내딸에게도 아직 본격적인 언어가 없었을 것이다. 그런 점에서 녀석은 러셀과 비트겐슈타인의 개에 가깝다. 그런데 막내딸은 내가 간질이려는 손동작을 취하면 손을 휘저으면서 웃음을 만들어 냈다.

언어와 사고 사이 관계를 밝히는 일은 복잡한 미적분 문제를 푸는 일만큼이나 어렵다. 이는 다음과 같은 몇 가지 질문을 통해서 금방 드러난다. 우리는 자신의 언어를 통해 생각할까, 아니면 다른 수단을 매개로 생각할까. 말 없는 침묵 속에 떠오르는 생각들의 정체는 대체 무엇일까.

"언어는 사고의 집이다."

역사적으로 많은 연구자가 언어와 사고 사이 상관관계를 고민하였다. 그 결과 우리가 세계를 인식하고 생각을 하는 방식이 언어와 어떤 관계를 맺고 있음에 틀림없다는 점이 확실해졌다. 일부 학자들은 이 문제가 인간과 세계의 본질을 탐구하는 지름길이라고 보았다

독일 철학자이자 언어학자로 비교언어학 분야의 기초를 마련했다고 평가받는 빌헬름 폰 훔볼트Wilhelm von Humboldt, 1767~1835는 개인의 사고방식과 세계관이 언어와 불가분의 관련을 맺는다고 보았다. 훔볼트에 따르면 언어는 그것을 사용하는 국가나 민족에 크게 의존한다. 그에게 언어는 인간의 지적 능력이 반영된 거울이다.

훔볼트의 시각은 독일의 세계적인 철학자 마르틴 하이데거Martin Heidegger, 1889~1976에게 이어진다. 하이데거는 사람이 언어를 통해 생각하고 사고한다는 의미를 담아 "언어는 사고의 집'이다."라는 유명한 명제를 남겼다. 훔볼트나 하이데거의 머릿속에서 언어와 사고는 단단한 끈으로 묶여 있다.

그런데 대부분의 연구자들은 언어와 사고의 관계가 그다지 밀접하지 않았다고 보았다. 그것을 과학적으로 밝혀내는 일이 만만한 작업이 아니었기 때문에 그다지 큰 관심을 주지 않았다. 언어와 사고 사이 관계

문제는 마치 심증이 있지만 구체적인 물증이 없는 사건과 같았다. 언어와 사고를 연결 짓는 논리 자체가 격렬한 논쟁의 가능성을 안고 있었다.

언어와 사고방식 사이의 밀접한 관련성을 강조하다 보면 더 훌륭한 언어와 덜 훌륭한 언어라는 식의 이분법적 분류가 가능해진다. 한 발 더 나아가 우수한 민족과 열등한 민족을 구별할 수도 있다. 실제 훔볼트는 특정 언어의 구조가 그 언어를 쓰는 민족의 지적 능력을 보여 준다고 생각하였다. 훔볼트의 언어 철학은 특정 민족의 문화적인 우월성을 뒷받침하는 근거로 사용될 가능성이 높았다.

20세기 초반을 지나자 이 문제를 정면에서 다룬 이들이 등장하였다. 미국 인류학자 에드워드 사피어Edward Sapir, 1884~1939와 벤자민 리 워프 Benjamin Lee Whorf, 1897~1941가 주인공들이었다. 20세기 초반 이후에 진행된 언어와 사고를 둘러싼 논쟁은 모두 이들에게 뿌리를 두고 있다고 해도 과언이 아니다.

사피어와 워프는 현대 인류학 연구 분야의 거장 프란츠 보아스Franz Boas, 1858~1942의 제자들이었다. 원래 물리학도였던 보아스는 현지 조사와 참여 관찰 기법을 통해 지리학, 민족학, 인류학 연구에 새 지평을 연 학자라는 평가를 받고 있었다. 그런 스승 밑에서 사피어는 북아메리카 원주민어인 인디언 언어를 본격적으로 연구하여 언어적인 차이가 사고에 일정한 영향을 미친다고 생각하였다.

사피어 제자인 워프는 스승의 이러한 주장을 '언어 상대성 원리'라는 이름으로 정리하였다. 워프는 스승의 입장에서 한 발 더 나아가 언어와 사고 사이의 관계에 대해 매우 급진적이고 도전적인 입장을 피력하였다. 그는 우리가 우리 자신의 모어에 따라 자연 세계를 구별하고 이해한다면서, 언어가 인간의 의식과 사고와 세계관을 좌우한다고 규정하였다.

언어가 의식과 사고를 지배한다는 이와 같은 견해를 흔히 '언어 결정론'이라고 한다. 사피어와 워프의 이름을 따서 '사피어-워프 가설Sapir-Whorf hypothesis'이라고 일컫기도 한다. 사피어-워프 가설에 따르면 사고는 언어를 통해 상대적으로 결정된다. 사피어-워프 가설은 20세기 전반부 동안 언어학과 인류학과 민족학 분야에서 커다란 반향을 불러일으켰다.

말이 전부가 아니다

1960년대는 놈 촘스키의 언어학 이론이 모든 언어 연구를 블랙홀처럼 빨아들인 시기였다. 많은 언어학자가 세상 모든 언어를 완벽하게 설명할 수 있는 꿈의 문법[49]을 찾는 데 골몰하였다. 그 여파로 그때까지 많은 관심을 받고 있던 언어 상대성 가설이 점차 설 자리를 잃었다.

이와 같은 외적 상황 변화 외에 언어 상대성 가설 자체에도 몇 가지 문제가 있었다. 먼저 언어 결정론을 극단으로 몰고 간 워프가 실제로 아메리카 인디언과 그들의 언어를 연구했느냐는 의혹이 제기되었다. 비판자들은 워프가 단편적인 언어 자료 몇 개만을 가지고 극단적인 주장을 펼쳤다고 혹평하였다.

---

49. 촘스키주의자들은 이를 '보편 문법(普遍文法)'이라고 부른다. 이 용어는 촘스키의 언어학 이론인 변형 생성 문법론에서 모든 언어에 공통적으로 적용되는 문법 구조, 또는 그 이론을 일컫는다. 영어로는 'Universal Grammar'로 표기하는데, 언어학 교과서에서는 이를 줄여 흔히 'UG'로 쓴다.

언어 상대론자들이 눈여겨 본, 무지개를 표현하는 인디언 색채어에 관한 주장이 특히 거센 비판을 받았다. 무지개는 색상별 경계가 뚜렷하지 않아 각각의 색을 뚜렷하게 구별하기 힘들다. 사람들은 자신의 모어에 있는 기본 색채어를 사용하여 무지개의 색깔을 서로 다르게 부른다.

예컨대 우리가 무지개를 일곱 가지 색깔로 부르게 된 것은, '일곱 색깔 무지개 이름'을 가지고 있던 서구 언어[50]를 번역해 들여오면서부터였다. 그 후 우리는 무지개를 관습적으로 일곱 가지 색깔을 가진 띠라고 보게 되었다.

무지개를 일곱 가지 색채어로 구별하게 된 것은, 무지개를 보는 방식이 일곱 가지로 정해졌기 때문이다. 일곱 가지 무지개 색깔을 표현하는 단어가 무지개를 일곱 가지로 생각하게 한 것이 아니었다는 말이다. 무지개를 보는 방식이 네 개로 정해져 있는 언어라면 무지개 띠를 네 개로 구별할 것이다.

'눈'을 가리키는 이누이트족[51] 단어가 몇 개인가 하는 점도 심하게 왜곡되었다. 눈에 관한 이누이트족 말을 처음으로 언급한 이는 보아스였다. 보아스는 처음에 4개만 말했다고 한다. 워프는 이를 7개로 늘리면서, 그보다 더 많은 단어들이 있는 것처럼 넌지시 말하였다. 이후 워프 주장이 신문 기사나 교과서에 소개되면서 '눈'을 가리키는 단어 숫자가 기하

---

50. 영어는 'Seven colors of the rainbow', 프랑스어는 'Sept couleurs de l'arc-en-ciel'('세트 쿨뢰르 드 라르 캉 시엘' 정도로 읽음)로 표현하는데, 모두 '무지개의 일곱 가지 색깔'이라는 뜻이다.

51. 이누이트족이 스스로를 부를 때 쓰는 '이누이트(Inuit)'라는 말에는 '인간'이라는 뜻이 담겨 있다. 이들을 부르는 또 다른 명칭으로 '에스키모(Eskimo)'가 있다. 여기에는 '날고기를 먹는 사람들'이라는 뜻이 있는데, 서구인의 주관적인 시선이 담겨 있다. 그러므로 '에스키모'보다 '이누이트'라는 명칭을 쓰는 것이 바람직하다.

급수적으로 늘어났다. 9개나 49개로 모자라 100개까지 있다고 말한 자료가 등장하였다. 심지어 400개에 이른다고 말한 책도 있었다.

눈에 관한 이누이트어 단어 수가 다른 민족 언어보다 많을 가능성은 있다. 이는 눈이 많은 그 지역 환경 특성상 자연스러운 현상이다. '눈'을 그 특징에 따라 세분하여 각각의 단어로 구별해서 쓰면 눈이 잦은 날씨나 그로 인한 예기치 않은 여러 가지 상황에서 효율적으로 대처하기 쉽다. 말이 그 지역의 문화나 풍토의 영향을 받는 것은 지극히 당연하다.

우리 주변에서도 이와 비슷한 예를 얼마든지 찾을 수 있다. '쌀'을 주식으로 하는 우리는 '쌀'과 '밥', '모'와 '벼'를 구별한다. 그런데 '밀'을 주식으로 하는 미국인들은 'rice'만 쓴다. 미국인들에게 'rice'는 '쌀'이면서 '밥'이다. 우리말 '벼'는 영어로는 'rice plant'로 표현한다. 그렇다고 해서 미국인이 '쌀'과 '밥', '모'와 '벼'를 구별할 수 없을까. 달리 말해 '쌀'과

쌀? 밥? 벼?

'밥', '모'와 '벼'에 대해서 미국인은 '생각'을 할 수 없을까. '그렇다'고 대답하기 힘들 것 같다.

사피어-워프 가설의 핵심은 우리 인간이 언어를 통해 사고한다는 점이다. 거꾸로 말하면 이는 우리에게 언어가 없다면 생각이나 사고 활동을 펼칠 수 없다는 극단적인 주장과 같다. 그런데 우리는 언어가 없어도 충분히 무엇인가를 생각할 수 있다. 지금 보고 있는 이 책 모양을 머릿속에 입력해 보기 바란다. 잠깐 눈을 감은 뒤 머릿속에 저장된 이미지를 천천히 떠올려 보자. 이미지를 생각하기 어려운가?

많은 연구자가 언어가 없어도 정상적인 사고 능력을 보여 주는 뇌 손상 환자나 청각 장애아들 사례를 보고한다. 스티븐 핑커가 쓴 『언어 본능』을 보면, 미국 해안경비대 라디오 기사였던 '포드' 씨에 관한 사례가 인상적으로 소개되어 있다.

포드는 39살이라는 젊은 나이에 뇌졸중으로 쓰러져 언어 능력이 심각한 손상을 입었다. 그는 영어에서 과거 시제를 만드는 접미사 '-ed'나 정관사 'the'와 같이 문법적 기능을 하는 요소들을 제대로 쓰지 못하였다.

그런데 포드 씨의 다른 사고 능력은 지극히 정상이었다. 그는 왼쪽과 오른쪽을 잘 구별했으며, 그림을 그리거나 간단히 계산을 하는 등 사소한 일들을 자연스럽게 할 수 있었다. 시계 맞추기 같은 일상적인 동작도 수월하게 해냈다. 포드 씨는 무력해진 언어 능력만 제외하면 보통 사람과 다를 바가 별로 없었다.

니카라과 관용 수화의 전설

세계적으로 널리 알려진 '니카라과 관용 수화Idioma de Signos Nicaragüense; ISN' 역시 언어와 사고의 관계를 돌아보게 하는 극적인 사례다. ISN을 제대로 이해하기 위해서는 피진어와 크레올어 개념을 먼저 알아야 한다.

여러 나라에서 온 다양한 민족 출신 사람들이 뒤섞인 이민 공동체를 떠올려 보자. 이렇게 다양한 이민자로 이루어진 집단이나 사회에서 구성원들 간 의사소통을 위해 만들어 낸 임시방편적인 혼합 언어가 '피진어 pidgin'다. 피진어는 어순이나 문법이 매우 조잡한 특징을 갖는다.

피진어를 쓰는 부모 아래서 자란 아이들은 아주 특별한 언어를 새로 창조한다. 이들은 기존 언어, 곧 자신들의 부모 세대가 쓰는 피진어와 다른 새 언어를 만들어 사용한다. 영어로 '크레올어creole'라고 부르는 이 '혼성어混成語'는 부모 세대에서 만들어진 조잡한 피진어와 달리 문법적으로 완벽한 모습을 갖추고 있다. ISN이 바로 이 혼성어에 해당한다.

원래 니카라과에는 청각 장애인들을 위한 공식 수화가 존재하지 않았다. 1979년 니카라과에는 산디니스타Sandinista 정권이 46년간 독재 정치를 펼친 소모사Somosa 정권을 내쫓고 새로 들어섰다. 민주 정치를 지향한 산디니스타 정권은 교육 개혁 정책에 큰 관심을 기울였다.

청각 장애아들을 위한 학교를 설립하여 스페인어 독순법lip reading(입술 읽기) 교육을 펼친 것도 이런 배경에서였다. 그런데 독순법 교육의 결과가 신통치 않았다. 그때 아이들이 집에서 개별적으로 쓰던 몸짓들을 이용해서 자기들 나름의 수화 언어를 만들었다. 그렇게 해서 '니카라과 수화Lenguaje de Signos Nicaragüense; LSN'라고 불리는 초창기 수화 체계가 완성되었다.

아이들은 LSN을 각자 다르게 사용하였다. 그것은 모두에게 공통적으로 적용되는 일관된 문법이 없는, 조잡한 피진어였다. 그러다가 4살 이전 아이들이 학교에 들어오면서 아주 부드러우면서 간결한 새로운 수화가 만들어지기 시작하였다. 처음에 학교에서는 이 수화를 제대로 인식하지 못하였다. 이후 니카라과 교육부 장관이 세계 수화 전문가들을 초빙해 아이들을 관찰하게 하였다. 그들은 새 수화가 과거에 쓰인 LSN과 다르다는 것을 알았다. 구조나 문법 체계가 LSN과 비교할 수 없을 정도로 정교하였다. 니카라과 당국은 새 수화에 '니카라과 관용 수화'라는 이름을 붙였다.

영문 약자로 ISN으로 지칭되는 이 수화 체계는 전 세계 언어학자들에게 큰 관심을 받았다. ISN은 가장 최근에 인공적으로 만들어진 완벽한 체계의 언어로 평가 받고 있다. 더 흥미로운 사실은 ISN을 만든 주체가 언어를 알지 못하는 4살 이전 아이들이었다는 점이다. 수화를 할 줄 아는 부모 아래서 자라는 청각 장애아는 정상적인 아이들이 말을 배우는 것과 똑같이 수화를 배운다. 반면 청각 장애가 없어 수화를 모르거나 수화가 서툰 부모 아래서 양육되는 청각 장애아는 수화를 배우는 일을 매우 어려워한다. 이들의 수화 실력은 어린 시절부터 자연스럽게 수화를 익힌 청각 장애아보다 훨씬 낮다.

청각 장애아들은 정상적인 수화 환경에 노출되었을 때 수화를 완벽하게 습득한다. 이는 곧 언어와 사고 사이에 어떤 결정적인 상관관계가 없다는 사실을 뒷받침한다. 말이 사고를 결정한다면 언어가 없는 청각 장애아는 수화를 영원히 익힐 수 없을 것이다. 부모의 수화에 대해서 어떤 '생각'이나 '사고'도 할 수 없을 것이기 때문이다.

그런데 청각 장애를 가진 아이들은 아주 훌륭하게 수화를 익힌다. 니카라과 청각 장애아들처럼 아예 새로운 수화 언어를 만들어 내기도 한다. 그래서 학자들은 ISN이 사고가 언어로 결정된다는 사피어-워프 가설에 대한 훌륭한 반증 사례라고 이야기한다.

이와 다르게 사고 능력에 문제가 있지만 훌륭한 언어 능력을 보여 주는 경우들도 있다. 야만다J. E. Yamanda라는 연구자가 보고한 '로라Laura'의 사례를 보자. 로라는 심각한 학습 장애가 있었지만 언어 발달이 매우 정상적인 모습을 보여 주었다. 로라는 대부분의 인지 과제 수행에 문제가 많았다. 머리를 써서 해결해야 하는 언어 외적 과제들을 제대로 수행하지 못하였다. 그러나 복잡한 언어 과제는 훌륭하게 수행하였다. 로라의 사례는 언어 능력과 사고 능력이 각자 별개로 작동하는 시스템의 지배 아래 있음을 보여 주는 증거라고 할 수 있다.

1991년 벨루기U. Bellugi 외 연구자 몇 명이 보고한 '윌리엄스 증후군' 또한 흥미로운 사례다. 윌리엄스 증후군을 갖고 있는 어린이들은 인지 능력이 손상되어 있어 지능이 매우 낮다. 하지만 이들의 언어 능력에는 특별한 문제가 없다고 한다. 오히려 이들은 유창한 언어 구사력을 보여 주고, 그것을 즐기기까지 한다. 언어가 사고를 결정한다는 가설이 맞다면 이들의 인지 능력은 보통 아이들보다 높아야 한다.

로라와 윌리엄스 증후군 사례는 사고와 언어가 별개로 작동한다는 사실을 뒷받침한다. 그렇다고 사고와 언어 관계가 평행선만 긋는 것은 아니다. 상식적으로 생각하면 사고와 언어가 서로를 도와 가면서 선순

환한다고 보는 것이 자연스럽다. 사고가 언어에 영향을 주고, 언어가 사고 작용에 관여하는 식으로 말이다.

이러한 관점을 보여 주는 대표 주자로 옛 러시아 벨라루스 출신 심리학자 레프 비고츠키Lev Vygotsky, 1896~1934가 있다. 언어와 사고의 상호 의존성을 주장한 비고츠키는 2살 이전 아기들이 비언어적이고 심상(이미지)을 기반으로 하는 사고 활동을 펼친다고 보았다.

비고츠키는 이 시기 아기들에게 아직 말이 없다는 점을 근거로 들었다. 아기들은 두 돌 무렵을 지나면서 변하기 시작하는데, 이 시기부터 사고와 언어가 서로 영향을 주고받는 의존적인 관계를 맺는다. 비고츠키는 이와 같은 상호 의존이 7살 무렵까지 지속적으로 늘어난다고 보았다.

호모 사피엔스 똥글이

이제 우리집 막내딸과 관련하여 글머리에서 제기한 질문에 대답할 수 있게 되었다. 막내딸은 '생각'이 있는 아이다! 당연하다. 막내딸에게 '생각'이 없었다면 어떻게 되었을까. 내가 간질이는 동작을 취할 때 녀석은 그저 멍하게 바라보고만 있지 않았을까. 웃음을 지을 '생각' 또한 하지 못했을 것이다. 이는 막내딸에게만 적용되는 것이 아니다. 이 세상 아이들 모두 훌륭한 '호모 사피엔스'다.

심리학자 카렌 윈Karen Wynn이 수행한 연구 사례 하나를 소개하는 게 도움이 될 것 같다. 윈이 주목한 대상도 아기들이었다. 그는 아기들이 단순한 생각을 넘어 암산도 할 수 있음을 실험을 통해 보여 주었다.

먼저 실험자가 미키마우스 인형 한 쌍을 가리기 위해 차단막을 친다. 그다음 아기 눈에 보이게 손 하나가 나타나 인형 한 개를 치워 낸다. 잠시 후 차단막이 걷히고 인형이 하나만 드러난다. 아기들은 그 인형을 잠깐 동안만 바라보았다. 잠시 후 인형 두 개가 놓인 이전 장면이 보인다. 그러자 아기들은 다른 곳으로 시선을 돌리지 못하였다.

이는 마치 아기들이 차단막 위에 있는 인형 숫자를 헤아리는 것처럼 보였다. 아기들은 인형 숫자가 자신들의 예상과 다르면 눈앞에 펼쳐진 장면을 응시하면서 무언가를 탐색하는 듯한 모습을 보였다. 연구에 참여한 아기들은 태어난 지 겨우 5개월밖에 되지 않은 유아들이었다고 한다.

이번에는 러셀과 비트겐슈타인의 '개'에게 시선을 돌려 보자. 이들은 생각을 할 수 없는 '살아 있는 좀비'일 뿐일까. 이 문제를, 개가 아니라 원숭이를 대상으로 한 동물학자들의 연구 사례를 통해 알아보자. 영장류를 연구하는 도로시 체니Dorothy Cheney와 로버트 세이파스Robert Seyfarth가 진행한 흥미로운 실험이 좋은 사례일 것 같다.

이들은 숲속에 숨긴 확성기를 통해 두 살짜리 아기 원숭이가 내는 비명이 녹음된 테이프를 틀었다. 그러자 근처에 있던 암컷 원숭이들이 아기 원숭이 엄마를 바라보았다! 녹음기에서 흘러나오는 비명 소리만으로 아기 원숭이가 누구이며, 그의 엄마가 누구인지 '생각'해 낸 것이다. 러셀과 비트겐슈타인의 개에게도 '생각'이 있을 가능성이 높다고 유추할 수 있지 않을까.

언어는 인간 사고의 흔적이다. 사고는 어떻게 이루어질까. 사피어나 워프의 언어 결정론을 누구보다 강하게 비판하는 스티븐 핑커 같은 인지 학자는 인간이 '사고 언어language of thought'나 '정신어mentalese'라고 불리는 추상적인 언어 체계로 생각한다고 보았다. 핑커가 주장한 사고 언어나 정신어는, 1960년대에 출현해 세계 언어학 연구에 지각 변동을 일으킨 놈 촘스키의 보편 문법과 비슷하다.

촘스키가 제안한 보편 문법은 모든 자연 언어의 심층에 동일한 모습으로 자리 잡고 있는 문법 체계를 말한다. 촘스키주의자들에 따르면 우리 인간은 보편 문법 체계를 변형한 뒤 각자 처한 언어 환경에 따라 자신의 모어를 결정하여 습득한다. 예를 들어 각각 한국과 미국에서 태어난 '철수'와 '톰'은 이 보편 문법에 따라 한국어와 영어를 익힌 뒤 이들 언어를 각자의 모어로 활용한다. 이때 개별 언어로서의 한국어나 영어와 별개로 움직이는 추상적인 시스템이 보편 문법이다.

핑커의 사고 언어론이나 촘스키의 보편 문법론은 한계가 명백하다. 무엇보다 그것들의 실체를 보여 주는 구체적인 증거를 찾을 수 없다. 언어가 인간의 사고를 좌우한다는 사피어-워프 가설이 큰 비판을 받으면서도 여전히 사람들에게 관심을 끌고 있는 이유가 여기에 있을 것이다.

실제 우리는 언어가 사고에 미치는 영향을 무시해서는 안 된다. 어떤 말은 다른 말에 비해 우리를 더 흥분시키거나 기분 나쁘게 만든다. 이 말은 단순한 느낌만 유발하지만 저 말은 복잡한 사고 작용을 불러온다. 머릿속 흐릿한 생각은 이런저런 말을 통해 좀 더 뚜렷한 모습을 띤다. 그 생각을 다른 이에게 전달할 때에도 말의 도움을 받으면 더 효율적일 때가 많다. 이들 모두 언어가 인간 사고에 어떤 방식으로든지 개입하고 있다는 증거가 아닐까.

11.

말은 어떻게 생각에 영향을 미칠까?
_언어와 사고의 관계 (2)

말을 잃으면 영혼을 잃는다

프랑스 샤를마뉴Charlemagne, 742~814 대제[52]는 8~9세기 무렵 서유럽 일대를 지배한 정복자였다. 그는 일찍이 "다른 언어를 말한다는 것은 다른 영혼을 소유하는 것과 같다."라고 말하였다. 말은 그에게 인간의 영혼이었다. 그는 분명 인간이 말을 잃는 것이 영혼을 잃는 것과 같다고 생각했을 것이다.

샤를마뉴 대제의 말과 거의 똑같은 체코슬로바키아 속담이 있다. "당신이 아는 각 언어에서 당신은 새로운 사람이다." 당신은 한국어를 포함해 4개국 언어를 자유자재로 구사한다. 샤를마뉴 대제의 말과 체코슬로바키아 속담에 따르면 당신은 한 사람이 아니다. 당신은 서로 다른 4개 나라 언어를 쓰는, '생각'이 다른 4명의 사람이다.

현대 언어학을 창시한 스위스 언어학자 소쉬르는 "언어 없이는 사고란 그저 어렴풋하고 목록화하지 않은 성운星雲에 불과하다."라고 말하였다.

---

52. 프랑크 왕국 카롤링거 왕조 제2대 황제로 재임하였다. 프랑크 왕국은 오늘날 독일과 프랑스의 뿌리에 해당하는 왕국이었다.

나는 소쉬르가 언어와 사고를 분리해 생각하지 않았을 것이라고 본다. 언어는 우리가 어떤 생각을 분명히 하는 데 꼭 필요한 존재다.

샤를마뉴 황제 말과 체코슬로바키아 속담과 소쉬르 말은 언어가 우리 인간의 사고에 미치는 절대적인 영향력을 인상적인 방식으로 환기한다. 언어는 우리 각자가 어디에서 어떤 생각을 하며 사는 사람인지를 드러내는 중요한 실마리다. 우리는 상대방이 쓰는 언어를 통해 그의 성격과 사람됨을 파악하고, 삶의 방식이나 태도를 추론한다. 언어는 그 사람 전부가 아닐지라도 그에 관한 많은 것을 설명해 준다.

언어가 없어도 사고를 할 수 있다는 앞 장 결론을 그대로 받아들이지 않도록 하자. 물론 놀라운 과학적 성취를 달성한 아인슈타인 같은 이들이 있다. 아인슈타인은 자신을 '시각적 사유자'라고 소개하였다. 그는 광선 여행을 하면서 뒤에 놓인 시계를 돌아보거나, 추락하는 엘리베이터 안에 서서 동전을 떨어뜨리는 모습을 그리면서 직관적인 통찰에 도달하려고 하였다. 그에게 언어나 다른 기호(가령 수학이나 과학 기호)는 시각적인 관념의 작용이 충분히 이루어진 다음에 개입하기 시작하는 도구에 불과하였다.

아인슈타인은 경이로운 영감의 순간에 떠오른 시각적 영상으로 생각의 날개를 펼쳤다. 그것으로 충분하였을까. '영상'은 언어화 과정을 통해 좀 더 명료하고 체계적인 의미를 담게 될 때 의의를 갖는다. 우리는 언어 없이 사고 활동을 펼칠 수 있지만, 사고 활동이 의미가 있기 위해서는 언어의 힘을 빌려야 한다. "언어는 사고의 집"이라는 하이데거의 명제는 여전히 타당하다. 1960년대 촘스키가 혜성처럼 등장한 뒤 언어학의 변방으로 물러났던 언어 결정론이 다시 주목을 받는 것은 자연스럽다.

아인슈타인의 광선 여행

이른바 '워프주의자들의 귀환'이다.

말은 생각의 조수

언어가 사고를 결정하지 않더라도 그것에 영향을 미친다는 가설은 우리의 직관적인 상식과 크게 어긋나지 않는다. 이런 주장은 언어 없이는 생각하기 힘들다고 보는 극단적인 언어 결정론에 비해 많은 사람에게 폭넓은 지지를 받는다.

초기 심리언어학자들은 색채어가 인간의 사고나 지각에 영향을 미친다고 생각하였다. 노란색과 오렌지색을 구별하지 않는 언어권의 언중들은 이들을 구별하여 인식하는 데 많은 오류를 범한다. 색채어를 연구하던 초기 심리언어학자들은 이러한 오류가 노란색과 오렌지색을 지칭하는 단어가 없는 데서 찾았다.

실험 참가자들에게 특정한 색채 조각을 보여 준 뒤, 여러 가지 색채 조각들 중에서 처음에 보여 준 특정 색채 조각을 고르게 하는 실험을 생각해 보자. 어떤 결과가 나왔을까. 사람들은 문제의 색채 조각을 지칭하는 단어가 있을 때 그 색채를 더 잘 기억했다고 한다. 언어가 사고에 영향을 미치는 증거라고 볼 수 있다.

얼마 뒤 이를 반박하는 연구가 나왔다. 석기 시대 수준의 문화를 유지하는 뉴기니의 다니어Dani에는 색채어가 'mola(밝다)'와 'mili(어둡다)' 두 개밖에 없다고 한다. 다니어 화자를 대상으로 한 가지 색을 5초 동안 보여 주고 30초 후에 40가지 색 표에서 그 전에 본 색을 고르게 하는 실험을 실시하였다. 그런데 다니어 화자들은 상대적으로 풍부한 색채어를 가지고 있는 영어 화자와 별다른 차이를 보여 주지 않았다고 한다. 색채에 대한 감각이나 사고가 색채어와 무관하게 작동하는 것이 아닐까.

일부 과학자들은 우리가 색채를 지각하고 인식할 때 언어의 영향을 받지 않는 근본적이고 보편적인 범주가 있다고 생각하였다. 어떤 언어가 두 가지 색채어만 갖고 있다면 그 두 가지 색채어는 대개 '검정(어두움)'과 '하양(밝음)'을 가리킨다. 색채어가 세 개라면 '빨강'이 추가되고, 여섯 개라면 '노랑', '파랑', '초록'이 덧붙여진다. 이와 같은 식으로 '기본색(또는 초점색)'을 지칭하는 색채어를 덧붙이면 최대 11가지까지 채워진다고 한다. 과학자들은 이들 11가지 단어가 보편적으로 쓰이는 색채어라고 본다.

색채어를 중심으로 이루어진 언어와 사고의 관계에 대한 연구와 관련해서는 논란이 없지 않다. 그럼에도 불구하고 사람들은 언어가 인간의 사고 활동과 밀접한 관련성을 가지고 있다는 사실을 상식처럼 받아들인다. 이를 뒷받침하는 일반적인 증거 몇 가지를 더 보자.

중국어는 영어에 비해 수를 표현하는 언어가 상대적으로 적다. 영어를 사용하는 어린이들은 0~9, 10, 100 등의 기본 숫자 어휘에 덧붙여 11~19와 각각의 10단위 숫자(20, 30 등)에 해당하는 말을 배워야 한다. 중국어를 배우는 어린이는 0~10, 100, 1000, 10000 등의 기본 어휘 14개만 익히면 된다.[53]

1991년 헌트Hunt와 아그놀리Agnoli라는 연구자가 중국어와 영어를 사용하는 어린이 화자들이 산수를 배울 때 어떤 차이가 있는지 비교하는 실험을 실시하였다. 그러자 10단위 수를 배우는 데 영어를 사용하는 어린이는 어려움이 있었지만 중국어를 사용하는 어린이는 그렇지 않다는 사실이 드러났다고 한다. 영어를 사용하는 어린이들은 11부터 19까지를 지칭하는 수 단어와 10단위의 수 단어를 학습하는 데 추가적인 '비용'이 들었다. 그들은 이와 같은 추가 비용에 '계산 비용computational cost'이라는 명칭을 붙였다.

어떤 사고 활동은 언어에 따라 상대적으로 쉽거나 어렵다. 한국어에서 '응어리'는 "원한이나 울분 따위로 가슴속에 맺힌 감정"이라는 뜻을 갖는다. 한국어 화자는 '응어리'를 비교적 직관적으로 느끼고 이해한다. 영어 화자는 이 말을 'a bad feeling'와 같은 표현으로 번역하여 제시해도 쉽게 이해하지 못한다. 추가적으로 '계산(생각)'하는 데 드는 '비용'이 크기 때문이다. 우리는 계산 비용이 적을수록 더 효율적이고 신속하게

---

53. 가령 중국어에서 '11'은, 그것을 나타내는 독자적인 말이 아니라 '10'에 '1'을 더한 '十一(십일)'을 쓴다. 영어에서는 'eleven'이라는 단어를 따로 배워야 한다.

단어나 문장에 관한 사고 활동을 할 수 있다. 그렇게 본다면 말은 '생각의 조수'라고 할 수 있다.

세계를 지배하는 말

정치적인 사건이나 사회적인 논란거리를 지칭하는 말들, 신문이나 티브이와 같은 언론 매체에서 쓰는 언어, 역사적 사실이나 사건을 나타내는 표현을 놓고 벌이는 논쟁들 역시 언어가 인간의 사고에 미치는 영향력을 보여 주는 증거들로 볼 수 있다.

2001년 미국에서 9·11 사태가 일어났다. 이슬람 무장단체 알카에다가 자신들이 납치한 비행기를 폭탄 삼아 세계무역센터 빌딩과 미국 국방부 건물 등 미국 심장부의 대형 건물에 자폭 공격을 감행한 사상 유례없는 사건이었다. 이 사태로 3000명 가까운 사람이 희생당하였다.

2003년 3월 20일 미국 정부는 9·11 사태에 대한 대응책으로 이라크 침공을 감행하였다. 대량 살상 무기 개발 의혹을 받고 있는 이라크 대통령 사담 후세인을 제거한다는 명분에서였다. 미국은 이라크에 자유와 평화를 선사한다는 도덕적인 목표를 선언하고, 이 침공 작전에 '이라크의 자유Freedom of Iraq'라는 이름을 붙였다.

그때부터 10년 가까이 진행된 '이라크의 자유' 작전은 실패한 전쟁으로 평가 받고 있다. 미국 정부의 이중적인 태도가 표적이 되었다. 사람들은 미국이 겉으로 '이라크의 자유'라는 그럴듯한 말을 내세웠지만 속으로는 이라크 원유를 확보하려는 야욕을 숨기고 있었다고 비판하였다. 실제 전쟁 명분으로 내세웠던 대량 살상 무기가 발견되지 않았다. 그 대신 애꿎은 이라크 민간인 수천 명이 희생당하는 비극이 발생하였다.

언어는 현실 세계의 실상을 숨기면서 사람들이 이성적으로 생각하는 것을 방해할 때가 많다. 적국에 대한 공습 과정에서 발생하는 민간인 희생자는 전쟁 명분을 떨어뜨려 정당성(?)을 훼손할 수 있다. 9·11 사태 이후 미국 정부는 이라크를 중심으로 한 중동 지역에서 일으킨 전쟁의 민간인 희생자를 '부수적인 피해'라는 말로 지칭하였다. 한국전쟁 (1950~1953) 중에 미군 공중 폭격으로 희생된 남북한 민간인들도 이와 똑같은 취급을 당하였다. 사람들은 '부수적인 피해' 같이 중립적으로(?) 보이는 말들을 지속적으로 들으면 민간인 희생을 전쟁 수행 중에 일어나는 불가피한 상황으로 정당화할 가능성이 높아진다.

'구조 조정'이라는 말은 1997년 국제통화기금IMF 구제 금융 사태 이후 현재에 이르기까지 우리나라에서 널리 쓰이고 있다. 구조 조정은 말 그대로 기업체나 조직이 경영상 위기에 처했을 때 사업 구조를 바꾸거나 경영 방식 전반에 변화를 가하는 등의 혁신 작업을 수행하는 것을 가리킨다. 이를 통해 최종적으로 회사를 위기에서 구하자는 명분과 취지를 담고 있다. 그런데 실제로는 인력을 인위적으로 줄여 전체 고용 규모를 축소하는 '정리 해고' 형태로 진행될 때가 많다.

진정한 의미의 '언어 전쟁'은 역사 기록을 둘러싼 논쟁에서 자주 벌어진다. 1894년(고종 31), 전라도 고부의 동학 접주接主 전봉준을 중심으로 한 동학교도와 농민들이 조선 왕조에 대항하여 무력시위를 일으켰다. 우리 역사는 이를 '동학 농민 운동', '동학 혁명', '갑오 농민 전쟁', '동학란', '갑오 농민 반란' 등 여러 가지로 기술해 왔다. '운동'과 '혁명', '전쟁'

과 '반란'이라는 말에는 그 각각을 쓰는 사람들의 세계관과 역사관이 짙게 배어 있다. 이들 중 어떤 말이 1894년에 일어난 역사적 사건의 진실에 가장 가까울까.

일제 만주국 장교 출신이었던 박정희 소장이 1961년에 일으킨 반란은 역사책에서 한동안 '5·16 군사 혁명'으로 서술되다가 '5·16 군사 정변(쿠데타)'으로 자리를 잡았다. '혁명'은 역사적인 대의명분을 함축하지만, '정변'은 정당성이 결여된 국가 변고라는 의미를 환기한다.

1980년 5월 전라남도 광주 시민들이 전두환과 노태우 등 당시 쿠데타 세력이 자행한 폭압 정치에 항거하여 들고 일어난 사건은 한동안 '광주 사태'라고 지칭되다가 '광주 민주화 운동'이라는 이름을 갖게 되었다. '사태'라는 말에는 역사적인 의의가 끼어들 여지가 크지 않다. 그런데 '민주화 운동'이라는 표현의 밑바탕에는 5·18의 역사적인 의미와 가치를 인정해야 한다는 전제가 깊이 깔려 있다.

역사 기록을 놓고 벌어지는 이와 같은 어지러운 풍경은, '역사적인 진실의 기록'이라는 대의명분 외에 그 '말'이 우리 사고와 의식에 많은 영향을 미친다는 전제를 통하지 않고서는 설명하기 힘들다. 조지 오웰 George Orwell, 1903~1950이 쓴 소설 『1984』에서 '뉴스피크어NewSpeak'를 통해 세상을 다스리려 했던 'B. B.(빅 브라더)'의 야망은 망상이 아니었다. 작가 오웰은 분명 말이 세계를 지배한다고 생각했을 것이다.

프레임을 점령하라

세계적인 인지언어학자 조지 레이코프George Lakoff, 1940~현재 미국 버클리 대학교 교수는 강의 시간에 학생들에게 "코끼리는 생각하지 마!"라는 과제를 내는 것으로 널리 알려져 있다. 레이코프 교수가 내는 과제는 애초 수행하기가 불가능하다. 우리 두뇌는 '코끼리'라는 말을 듣는 순간 '코끼리'와 관련한 갖가지 이미지를 매우 빠르게 활성화한다.

레이코프는 이를 '프레임frame'이라는 개념을 통해 설명한다. 프레임은 우리가 사용하는 말의 성격과 의미를 규정한다. 어떤 말이 특정한 프레임의 관점에서 정의되면 그 낱말을 사용하는 즉시 문제의 프레임에 얽혀 들게 된다. 우리가 문제의 프레임에 동의하는가 그렇지 않은가는 문제가 되지 않는다.

'코끼리는 생각하지 마' 과제

우리는 무심결에 우리에게 적대적인 어떤 상대방이 자신의 프레임으로 규정한 말을 사용할 수 있다. 우리는 상대방 프레임의 문제점을 치밀한 논리로 비판하려고 노력한다. 그런데 이와 같은 노력은 상대방 주장을 강화할 뿐이다. 상대방 프레임에 걸려든 우리가 쓰는 어떤 말이 그 말을 듣는 대중의 머릿속에서 상대방 프레임과 세계관을 지속적으로 활성화하기 때문이다.

　당신이 세금 확대를 통한 정부 복지 강화 정책에 찬성한다고 하자. 상대방이 "정부의 '세금 폭탄' 정책을 어떻게 생각하는가?"라고 질문했다면 어떻게 해야 할까. 당신이 앞뒤 재지 않고 "'세금 폭탄'은 이러저러한 점 때문에 잘못된 용어다. '세금 폭탄'이라는 말에는 '작은 정부'를 극단적으로 주장하는 일부 보수주의자들의 편향된 시각이 담겨 있다."라고 말하면 상대방을 논박할 수 있을까.

　레이코프 교수에 따르면 그것은 상대방이 깔아 놓은 프레임의 '덫'에 빠지는 것이나 마찬가지다. 당신이 '덫'에 걸려들지 않으려면 레이코프 교수가 제안한 아이디어를 신중하게 고려해야 한다. 상대방 프레임을 버리고 당신 프레임을 말하라. 당신은 '세금 프레임'이 아니라 '복지 프레임'으로 바꿔야 한다. '세금' 프레임을 수용하면서 아무리 '복지'를 이야기하더라도 당신의 말을 듣는 청중들의 뇌는 '세금'과 관련된 생각들만 떠올린다.

　상대방이 세금 프레임을 통해 강화하려는 세금 이미지나 세금에 관한 지식은 부정적이다. 그러므로 중요한 것은 '세금 폭탄'이라는 말 자체가 아니다. 이 말을 포함한 세금 프레임 전체, 곧 두뇌의 신경 회로들로 구성되는 '세금'과 관련된 생각은 사고 통제가 미치지 않는 범위 안에서 순간적이고 자동적으로 우리 생각을 지배한다. 레이코프 교수는 다음과 같이 말하였다.

"우리가 생각하는 방식이 언어를 만드는가? 그렇다. 언어는 우리가 사고하는 방식을 형성하는가? 그렇다."

12.

개는 어떻게 '개'가 되었을까?
_언어의 자의성과 사회성

'개'의 탄생

옛날 우리 조상 인류가 동굴에서 살던 시절 이야기다. 새끼 들개 한 마리가 있었다. 그는 아빠 개와 엄마 개가 떼 지어 몰려다니던 사람들에게 잡혀간 날을 잊지 못한다. 사람들은 끝이 날카롭게 생긴 긴 막대기로 아빠와 엄마를 위협하였다. 아빠와 엄마는 그를 지키기 위해 집이 있는 언덕을 피해 멀리 반대편으로 달아났다.

사람들은 그쪽에도 있었다. 그들은 조그만 빈틈도 주지 않고 그의 아빠와 엄마를 한쪽으로 몰았다. 얼마 지나지 않아 아빠와 엄마와 친척들이 사람들이 휘두른 날카롭고 긴 막대기에 찔려 피투성이가 되었다. 집 근처 바위틈에 숨어 있던 그는 몸을 벌벌 떨었다. 사람들이 와자지껄 소리를 내며 사라졌다. 그는 덤불에서 가까스로 벗어나 언덕 위 수풀로 가 몸을 숨겼다. 사람들이 무서웠다. 그날은 그가 굴을 처음 나와 세상 구경을 한 날이었다.

그 후 그는 떠돌이 개가 되었다. 떠돌이 생활은 무척 힘들었다. 견딜 수 없는 굶주림이 늘 그와 함께하였다. 그는 갈수록 야위어 갔다. 아주 가끔 다른 동물 사체를 발견하는 행운이 있었다. 그러나 먹을거리가 전혀 보이지 않는 날이 훨씬 더 많았다.

어느 날 밤이었다. 여느 때처럼 굶주림에 지쳐 바닥에 힘없이 엎드려 있던 그가 갑자기 머리를 추켜세웠다. 그는 벌떡 일어나 코를 벌름거리며 어느 한 곳을 향해 걸음을 옮겼다. 그는 어느새 한 동굴 앞에 서 있었다.

동굴 안에서 이상한 소리들이 흘러나왔다. 그는 두려웠으나 발을 멈출 수 없었다. 동굴 안쪽을 향하여 몇 걸음을 옮겼다. 그의 아빠와 엄마와 친척을 죽게 한 이들과 비슷한 모양을 한 이들이 둘러앉아 있었다. 그는 갑자기 무서워졌다. 그러나 그의 코와 눈은 온통 불에 구워지고 있는 고깃덩이를 향해 있었다. 그의 네 다리가 본능적으로 동굴 안쪽을 향하였다.

잠시 후 한 아이가 다가와 그의 머리를 쓰다듬었다. 그는 머리를 숙인 채 낑낑거리며 신음 소리를 냈다. 아이가 그의 신음소리를 따라 하듯 '가가가' 소리를 냈다. 어른 몇이 그와 아이가 있는 쪽으로 걸어왔다. 그가 고개를 들어 그들을 쳐다보면서 꼬리를 흔들자 어른들이 큰 소리로 웃었다.

아이가 그를 번쩍 안아 올렸다. 그는 다시 한 번 '가가가' 하고 소리를 냈다. 어른들은 아이를 흐뭇한 표정으로 바라보았다. 그때 아이 모습을 지켜보던 어른들 가운데 한 사람인 '잘 웃어'가 말하였다.

"아이가 이 녀석과 잘 어울리니 '애'라고 하자."[54]

그러자 한쪽에 있던 또 다른 어른 '잘 달려'가 말하였다.

"아니야. 말처럼 잘 달릴 것 같으니 '말'이라고 부르는 게 좋겠어."

사람들이 '애'가 좋다느니 '말'이 좋다느니 하면서 시끄럽게 떠들었다. 그때 한쪽에 가만히 앉아 있던 '안 웃어'가 엄숙한 표정으로 일어났다. 그곳에 있는 무리에서 가장 나이가 많은 우두머리였다. 와자지껄하던 사람들이 입을 다물고 '안 웃어'의 말을 기다렸다. '안 웃어'가 나지막하게 말하였다.

"'애'와 '말'은 이미 똑같은 게 있으니 좋지 않아. 저놈 소리가 '가가가' 처럼 들리고, 아이도 '가가가' 하고 부르니 이에 가깝게 '개'라고 하는 게 좋겠어!"

사람들이 그를 부를 때 처음부터 '개'라고 하지는 않았다. 사람들은 아이가 그와 함께 놀면서 '가가가' 하고 소리를 지르는 모습이 무척 즐거웠다. '가가가' 소리를 흉내 내는 사람들이 갈수록 많아지면서 자연스럽게 '가가가'가 그의 이름처럼 불렸다.

그러나 그가 아이와 함께하는 시간이 늘어나면서 '개'라는 이름이 점점 제자리를 잡아갔다. 때마침 '안 웃어'가 지은 '개'라는 이름이 함께

---

54. '잘 웃어'를 포함하여 무리에 속해 있는 사람들이 이렇게 온전한 문장을 내뱉지는 않았을 것이다. 그들이 이름을 가지고 있었을 가능성도 거의 없다. 여기서는 다만 독자들이 어떤 단어가 만들어지는 상황을 좀 더 쉽게 이해하도록 하기 위해서 이들에게 이름을 부여하고 문장을 구사하는 것처럼 상상해 본 것이다. 그런데 이들의 이름을 '잘 웃어'나 '잘 달려' 식으로 한 것은 이유가 있다. 고려 시대 역사서인 『삼국유사』를 보면 신라 시조 朴赫居世(박혁거세)'를 일명 '弗矩內(불구내)'라고 하면서 그 뜻을 '광명이세(光明理世)', 곧 '광명(빛)으로써 세상을 다스린다'고 풀이해 놓고 있다. 오늘날 우리는 한자어 이름을 음으로만 읽는다. 관습적으로는 세 글자 작명법을 따르고 있다.
　우리 문자가 없었던 저 먼 옛날에는 이와 달랐다. '赫居世'를 '弗矩內'로도 읽었다는 사실을 통해 알 수 있는 것처럼 옛날에는 사람들이 '赫居世'를 '붉은 뉘'나 '붉은 누리' 같이 서술식의 긴 이름으로 불렀을 가능성이 높다. 1990년대 초반에 개봉된 〈늑대와 함께 춤을〉이라는 제목의 미국 영화를 보면 미군 기병대였다가 인디언들과 함께 살게 된 주인공이 인디언에게 '늑대와 함께 춤을'이라는 이름을 얻는다. 인디언 문화는 상대적으로 '더 순수한' 고대 언어의 혈통을 잇고 있을 가능성이 크다. 이런 사실을 고려할 때 저 먼 옛날에는 해당 인물의 특성과 관련되는 서술식의 긴 이름을 통해 사람들을 구별했을 수 있다.

널리 퍼져 나갔다. 얼마 후부터 그는 '가가가'보다 '개'로 더 자주 불렸다. 마침내 그는 지구에서 최초로 '개'라는 이름을 얻은 개가 되었다.[55]

'개'는 털과 꼬리가 없다

말이 처음으로 만들어지기 시작한 까마득한 옛날을 상상해 본다. 우리 조상 인류가 최초로 내뱉은 말은 어떤 것이었을까. '개'나 '나무' 같은 명사였을까, '먹다'나 '예쁘다' 같은 동사였을까. 처음부터 명사와 동사가 서로 연결된 문장 형태를 취하지 않았을까.

최초 언어가 무엇이었으며, 그것이 만들어지는 과정이 어떠했는지는 현재 정확하게 알 길이 없다. 다만 우리는 오늘날 우리가 쓰는 수많은 말을 통해 최초에 쓰인 말들의 특성을 추적해 볼 수 있다. 이 특성들은 언어가 최초로 만들어진 이후 오늘에 이르기까지 별다른 변화를 보이지 않았다.

이런 질문을 던져 보자. 첫째 '개'라는 말에는 무엇이 담겨 있을까. 둘째 '개'가 '개'일 수밖에 없는 이유가 있었을까. 셋째 우리가 '개'를 '말'로 부를 수 없는 까닭은 무엇일까. 마지막으로, '개'는 처음부터 '개'로 불렸을까.

---

55. '그'의 이야기에는 지혜로운 명명관이 사물의 본성이나 특성에 맞게 말을 만들어냈다고 주장한 아리스토텔레스의 땡땡설과, 데렉 비커튼(Derek Bickerton)이라는 미국 언어학자가 주장한 언어의 놀이 기원설 같은 관점이 적용되어 있다. 예컨대 '안 웃어'가 '가가가'라는 '그'의 소리에 주목하여 '개'로 부르자고 한 것은 '땡땡설'과 관련된다. '아이'가 '그'의 신음 소리를 '가가가'로 흉내 내면서 노는 모습이나, 사람들이 여기에 동조하는 장면에는 놀이 기원설을 반영하였다.

첫 번째 질문은 말의 정체를 구성 성분의 관점에서 살피는 것과 관련된다. 먼저 네 발이 있고, 인간과 친한 동물을 가리키는 '개'라는 말에는 '[개]'라는 '소리'가 있다. 언어학에서는 이 소리를 '형식'이나 '표현'이라고 한다.

[개]라는 소리는 단순한 소리가 아니다. [개]에는 '생각', 좀 더 학문적인 용어로 '개념'이 담겨 있다. 개념은 [개]라는 소리에 우리가 담기로 약속한, 동물로서의 '개'가 갖는 공통적인 특징이나 보편적인 관념을 말한다. '개'라는 동물의 정체를 알게 해 주는 구체적인 정보가 개념이다. 언어학자들은 이를 '내용'이나 '의미'라고 부른다.

말은 이렇게 소리와 개념, 형식과 내용, 표현과 의미 등의 이원적인 요소로 구성되어 있다. 이와 같은 말의 특성을 '기호성'이라고 한다. 기호記號에는 도상圖象, icon[56]이나 지표指標, index[57]나 상징象徵, symbol 등 여러 가지가 있는데, 언어는 이 중 상징 기호에 속한다. 상징은 지시 대상과 어떠한 직간접적인 관련성도 갖지 않는다. 그래서 상징은 임의적이고 자의적인 성격이 강하다. 우리가 문학 작품이나 그림에 활용되는 상징을 파악하기 어려운 이유가 여기에 있다.

상징은 시나 소설 같은 특별한 예술 작품에서만 아니라 우리 일상생활 주변에서도 쉽게 찾아볼 수 있다. 넓은 사거리 교차로에 설치되어 있는 차량용 삼색 신호등을 보자. 삼색 신호등의 삼색은 각자 고유 의미를

---

56. 도상은 그림이나 영상과 같이 지시 대상과 외형상 유사한 관계에 있는 경우를 가리킨다. 똑똑전화(스마트폰) 바탕 화면에 있는 전화기나 카메라 모양 아이콘이나 각종 운동 경기를 나타내는 픽토그램(pictogram) 들이 모두 도상 기호에 속한다
57. 지표는 그것이 가리키는 대상의 일부분이거나 그 대상과 인과적인 관계를 맺고 있는 기호를 말한다. 예를 들어 먼 산에서 피어오르는 '연기'는 '산불'을, '태극기'는 '대한민국'을 가리키는 지표 기호다.

	관계	예시
도상	유사성	
지표	인과성	
상징	자의성	

도상, 지표, 상징

갖는다. '녹색'은 '진행(직진)', '황색'은 '주의', '적색'은 '멈춤'이라는 의미가 있다.

그런데 녹색은 '진행(직진)'과 닮지 않았다. '황색'과 '주의', '적색'과 '멈춤' 관계도 마찬가지다. 우리는 이들 삼색으로 이루어진 각각의 동그란 기호에서 '진행'이나 '주의'나 '멈춤' 들이 갖는 어떤 특징이나 외형적인 모습(?)도 연상하지 못한다.

'녹색'과 '진행(직진)', '황색'과 '주의', '적색'과 '멈춤' 사이에는 필연적인 관계가 없다. 이들 사이 관계는 우리가 임의적으로 정해 놓은 관습(도로교통법 등)에 따른 것일 뿐이다. 그래서 차량용 삼색 신호등은 상징의 일종으로 간주된다. 어떤 기호가 상징이 되는 데는 사회 구성원들 사이의 암묵적인 약속만 있으면 된다.

언어가 만들어지고 작동하는 시스템도 이와 같은 상징 원리를 따른다. 언어는 위에 소개한 세 가지 기호 유형 중에서 대표적으로 상징 기호에 속한다. [개]라는 기호(소리)와 지시 대상('개'라고 불리는 실제 동물) 사이에 필연적인 관계가 없다.

그런데 우리는 '개'라는 말에서 [개]라는 소리를 떠올리고, 그 소리로 지칭되는 실제 동물이 갖는 속성, 예를 들어 '멍멍' 하고 짖는 울음소리와 복슬복슬한 털, 네 다리와 쫑긋 선 귀, 기다란 꼬리, 포유류와 같은 의미를 연상한다. '개'라는 말에는 [개]라는 소리와 실제 동물인 개에 대한 개념이 있을 뿐이다. '개'라는 말에는 털이나 꼬리가 없다!

'똥'이 될 수도 있었던 '개'

두 번째 질문을 보자. '개'라는 말을 발음해 보자. 입에서 나온 그 소리에 실제 동물 개의 속성이 담겨 있는가. '개'라는 말을 통해 그러한 속성들을 연상할 수 있지만 우리가 낸 소리 자체에는 그와 같은 실제 속성이 담겨 있지 않다.

그러므로 실제 개가 '개'라는 말로 불릴 수밖에 없었던 필연적인 이유는 없다. '개'는 (최초에) '소'나 '말'이 될 수 있었고, 심지어 '똥'이 될 수 있었다. 마찬가지로 저 앞 이야기에서 최초로 개라는 이름을 얻은 그는 처음에 '개'가 아니라 '애'나 '말'이 되었어도 이상할 게 없다.

'개'를 하나의 기호로 볼 때 [개]라는 소리(형식, 표현)와 실제 살아 있는 개가 갖는 여러 가지 속성이나 개념(내용, 의미) 사이에는 필연적인 관계가 없다. 이들은 서로 우연하게 제멋대로 결합되었다. 언어가 갖는 이와 같은 성질을 '자의성恣意性, arbitrariness'이나 '임의성任意性'이라고 부른다.

언어의 자의성은 어떤 대상을 가리키는 말의 형식(소리)과 내용(개념) 사이 관계가 일정한 기준이나 원칙 없이 우연히 제멋대로 성립된다는 것을 뜻한다. 그런 점에서 '가가가' 이야기에 등장하는 '안 웃어'는 언어의 자의성을 완벽하게 이해하고 있었던 셈이 된다. 그는 '가가가'에서 '개'라는 이름을 자기 멋대로 떠올렸다.

언어 형식과 내용이 우연히 결합되었다는 사실은, 동일 대상을 가리키는 각 언어의 말이 서로 다르다는 점을 통해 뒷받침된다. '개'는 우리말로 [개]라고 불리지만 중국어에서는 '[꺼우狗(개 구)]'나 '[취엔犬(개 견)]'이라고 발음된다. 영어에서는 '[도그dog]'를 쓴다. 일본어에서는 중국어와 마찬가지로 '개'를 나타내는 문자로 '犬'을 쓰지만, 읽을 때는 '[이누]'라고 한다.

언어의 자의성에서 벗어난 것처럼 보이는 예외 같은 말들이 있다. 사람이나 동물이나 사물 소리를 흉내 낸 말인 의성어擬聲語들이다. 예를 들어 '[야옹]'이라는 형식(소리)은 "고양이가 우는 소리"라는 내용(개념)과 일치하는 것 같다.

그런데 가만히 보면 의성어 형식과 내용 역시 다른 일반적인 단어와 마찬가지로 자의적이다. '야옹'은 고양이가 내는 진짜 울음소리를 흉내 낸 것처럼 보이지만 실제로는 여러 표현 중에서 '우연히' 빌려온 것이다. 우리말에서는 고양이가 '야옹' 하고 울지만 일본어에서는 '냥냥', 영어에서는 '뮤뮤' 하고 운다.

세 번째 질문은 두 번째 질문과 모순적인 관계에 있는 것처럼 보인다. 질문에 답하기 전에 '가가가' 이야기의 후일담부터 들어 보자. '잘 달려'는 처음 자신이 제안한 '말'이라는 이름이 무리에서 받아들여지지 않아 기분이 상하였다. 그래서 그는 다른 사람들이 '개'라고 부를 때에도 '말'

이라는 이름을 계속 썼다.

사람들이 '잘 달려'를 이상하게 쳐다보았다. '잘 달려'는 무리와 함께 나가는 사냥에서 외톨이처럼 뒤에 처질 때가 많아지자 결국 '말'이라는 말을 쓰지 않았다. '잘 달려'가 계속 '말'을 쓰고자 했을 때 무리 안에는 이미 '멍멍' 하고 짖고, 복슬복슬한 털과 다리 4개가 있으며, 쫑긋 선 귀와 꼬리를 가진 포유동물을 '개'라는 말로 부르기로 한 무언의 약속이 만들어져 있었다.

'잘 달려'가 언중言衆[58]들 사이에 새끼 들개를 '개'라고 부르기로 한 약속을 지킨 까닭은 일종의 사회적 압력 때문이었다. 하나의 말은 특정한 소리와 거기에 담긴 개념 사이 관계가 사회적으로 수용되는(약속하는) 과정을 거친다. 이 과정을 거치면 어느 한 개인이 말에 담긴 소리와 개념 간 관계를 마음대로 바꾸지 못한다. 이와 같은 언어 특성을 '사회성社會性'이라고 부른다.

처음에 언어는 '우연의 자식'으로 태어난다. 그런데 언어가 일정한 사회성을 획득한 뒤에는 특정 대상이나 상황을 가리킬 때 반드시 그 말이 쓰이지 않으면 안 되는 시점에 이른다. 그런 점에서 언어는 '필연의 자식'이다.

---

58. 같은 말을 쓰는 무리를 말한다.

"자, 자명종에 앉으시죠."

현대 스위스 소설을 대표하는 소설가 피터 빅셀은 『책상은 책상이다』 라는 제목의 유명한 소설에서 언어의 사회성과 관련하여 아주 인상적인 장면을 그려 놓았다.

"자 이제 뭔가가 변화한다." 하고 그는 외쳤다. 그러면서 그는 이제부터 침대를 '그림'이라고 부르기로 하였다.
"피곤한데, 이제 그림 속으로 들어가야겠다." 하고 그는 말하였다.
그리고 그는 아침마다 오랫동안 그림 속에 누워서 이제 의자를 무어라 부르면 좋을까 하고 곰곰이 생각하였다. 그는 의자를 '자명종'으로 부르기로 하였다.
그는 벌떡 일어나서 옷을 입고는 자명종에 앉아서 두 팔을 책상에 괴고 있었다. 그러나 이제 책상을 더 이상 책상이라고 불러서는 안 되었다. 그는 책상을 양탄자라고 불렀다. 그러므로 그 남자는 아침에 그림에서 일어나, 옷을 입고는 양탄자 옆의 자명종에 앉아 무엇을 어떻게 부를까 하고 곰곰히 생각하는 것이다.
침대를 그는 그림이라고 불렀다. 책상을 그는 양탄자라고 불렀다. 의자를 그는 자명종이라고 불렀다. 신문을 그는 침대라고 불렀다. 거울을 그는 의자라고 불렀다. 자명종을 그는 사진첩이라고 불렀다. 장롱을 그는 신문이라고 불렀다. 양탄자를 그는 장롱이라고 불렀다. 그림을 그는 책상이라고 불렀다. 그리고 사진첩을 그는 거울이라고 불렀다. 이런 식으로 말하자면 결국 다음과 같았다.

아침에 그 늙은 남자는 오랫동안 그림 속에 누워 있었다. 아홉 시가 되자 사진첩이 울렸다. 그 남자는 일어나서는, 발이 시리지 않도록 깔아 놓은 장롱 위에 섰다. 그러고 나서 그는 신문에서 옷가지를 꺼내서는 그것을 걸쳐 입고 벽에 걸린 의자를 들여다보았다. 그러고 나서 양탄자 옆의 자명종에 앉아서 거울을 꼼꼼히 넘겨보다가 마침내 거기에서 그의 어머니의 책상을 발견하였다.

그 남자는 이 일에 재미를 느꼈다. 그는 하루 종일 이것을 연습하였으며 새로운 단어들을 갖다 붙였다. 이제 모든 것들에

"피곤한데,
이제 그림 속으로 들어가야겠다."

피터 빅셀의 『책상은 책상이다』의 주인공 '그'

새 이름이 붙여졌다. 그는 이제 더 이상 남자가 아니라 발이었다. 그리고 발은 아침이었고 아침은 남자였다.

소설 속 '그'는 자기만의 명명법 놀이를 즐긴다. 주변 사물들에 새 이름을 붙이면서 무료하기 짝이 없는 뻔한 일상에서 벗어나려고 한다. 스스로 떠올린 기발한 시도에 엄청난 재미를 느낀 그의 최후는 어떻게 되었을까. 당신이 상상한 결말을, 다음과 같은 피터 빅셀의 결말과 견줘 보기 바란다.

회색의 망토를 걸친 이 남자는 사람들이 하는 말을 더 이상 이해할 수가 없었다. 그런데 그것은 그리 심각한 문제는 아니었다. 더욱 심각한 문제는, 그 사람들이 그를 더 이상 이해할 수 없다는 사실이었다. 그리고 그 때문에 그는 더 이상 말을 하지 않았다. 그는 침묵하였다. 그는 단지 혼자서만 이야기하였고, 더 이상 사람들에게 인사조차 하지 않았다.

언어는 사람들 사이에 합의된 약속이다. 이 약속을 지키지 않는 사람은 피터 빅셀의 그처럼 침묵을 지켜야 한다. 침묵을 지키지 않고 말을 할 때, 그 말을 듣고 이해할 수 있는 사람은 단지 그 자신일 뿐이다. 그가 이웃 사람들과 다시 이야기하고 인사를 나눌 수 있기 위해서는 '책상'이 '양탄자'일 수 없다는 사실을 받아들여야 한다. 큰 맘 먹고 찾아온 이웃에게 여전히 고집을 부려 '자, 자명종에 앉으시지요.'라고 말해서는 곤란하다.

이제 마지막 질문에 이르렀다. '개'는 원래부터 '개'로 불렸는가. 언어의 사회성을 떠올리면 한번 정해진 언어는 영원히 변하지 않을 것 같다. 새끼 들개의 처음 이름이 '개'가 아니라 '가히'였다고 해 보자. 실제 '가히'라는 말은 한국어에서 '개'를 가리키는 가장 오래된 말로 알려져 있다. '개'라는 말은 '잘 달려'와 '잘 웃어'와 '안 웃어'가 살던 시대에서 수만 년이나 수천 년이 흐른 다음 '가히'에서 '가이'를 거쳐 생겨났다. 언어는 변한다. 이렇게 보면 언어는 '시간의 자식'이다.

언어가 시간이라는 고도로 관념적인 대상과 맺고 있는 관련성은 이것만이 아니다. 사람들은 시공간적으로 '현재 이때 이곳'과 멀리 떨어져 있는 '과거나 미래의 그때 그곳' 일을 자연스럽게 말한다. 앞에서 고릴라 코코를 소개하면서 잠깐 설명한, 언어의 '전위성'이나 '치환성置換性'이라고 불리는 특성 덕분이다.

당신은 내일 아침 친구에게 지금 읽고 있는 이 책에 대하여 이야기할 수 있다. 당신이 한창 사랑의 열병을 앓고 있다면 사랑하는 그 사람에게 당신이 어린 시절 꿈꾸었던 미래의 꿈을 속삭일 수 있다. 그것이 상상이든 거짓말이든 상관이 없다. 당신은 전위성을 가진 언어 특성에 기대어 실재하지 않는 가상 세계 속 이야기를 꾸며 낸 말할 수 있다.

'가히'가 '가이'를 거쳐 '개'가 되는 과정에서 일어나는 변화는 아무도 의식하지 못하는 사이에 어떤 인위적인 개입도 없이 조용히 진행된다. 그 시간은 수년이나 수십 년이나 수백 년이 걸릴 수 있다. 언어 변화는 길거나 짧은 세월의 강물을 따라가면서 급격하게, 또는 아주 느리게 이루어진다.

13.

말은 어떻게 변화할까?
_언어의 역사성

조사 '-가'의 나이는 500살!

국어사전에서 '놈'이라는 단어는 다음과 같이 여러 가지 뜻으로 풀이
되어 있다.

① '남자'를 낮잡아 이르는 말.
② '남자아이'를 귀엽게 이르는 말.
③ 사물이나 동물을 홀하게 이르는 말.
④ (사람을 나타내는 말 바로 뒤에 쓰여) 그 사람을 친근하게 혹
   은 낮추어 이르는 말.
⑤ '사람'을 홀하게 이르는 말.
⑥ (주로 '놈의' 꼴로 쓰여) 그 뒤에 나오는 말이 가리키는 대상
   을 주로 비관적으로 이르는 말.

①~⑥ 중에서 ②와, ④의 일부를 제외하면, '놈'은 대체로 대상을 낮
추어 속되게 이를 때 쓰이는 말이다. '놈'에 대한 뜻풀이 밑바탕에는 비

속어卑俗語적인 어감이 깔려 있다.

그런데 지금으로부터 500년 전쯤인 15세기로 거슬러 올라가면 '놈'의 쓰임새가 크게 달라진다. 15세기는 세종이 우리 고유 문자인 '훈민정음訓民正音'을 만든 시기(1443년)였다. 당시 '놈'이라는 말에는 지금과 같은 '낮추어 속되게 말함'이라는 뉘앙스가 없었다. 세종이 훈민정음을 만든 취지와 목적을 설명한 서문(머리말)을 보자.

(1) 15세기 원문: 나랏ᄆᆞᆯ쏘미 듕귁에 달아 문자와로 서르 ᄉᆞ
ᄆᆞᆺ디 아니홀ᄊᆡ 이런 젼ᄎᆞ로 어린 빅셩이 니르고져 홅 배 이
셔도 ᄆᆞᄎᆞᆷ내 제 ᄠᅳ들 시러 펴디 몯홅 ㉠ 노미 ㉡ 하니라.
㉢ 내 이ᄅᆞᆯ 위ᄒᆞ야 어엿비 너겨 새로 스믈여듧 ᄍᆞ롤 밍ᄀᆞ
노미 사ᄅᆞᆷ마다 ᄒᆡ뗘 수비 니겨 날마다 ᄡᅮ메 뼌안킈 ㉣ ᄒᆞ
고져 홀 ᄯᆞᄅᆞ미니라.

(2) 현대어 풀이: 우리나라 말이 중국말과 달라서 한자로는
서로 통하지 아니하므로, 이런 까닭에 어리석은 백성이 말
하고자 하는 것이 있어도 마침내 자신의 뜻을 능히 전하
지 못하는 ㉠ 사람이 ㉡ 많으니라. ㉢ 내가 이를 불쌍하게
여겨 새로 스물여덟 글자를 만드니 사람들로 하여금 쉽게
익히게 하여 날마다 씀에 편안하게 ㉣ 하고자 할 따름이
니라.

(1)은 15세기 당시에 쓰인 중세국어 원문이고, (2)는 그것을 현대국어

로 풀이한 것이다. (1) ㄱ과 (2) ㄱ을 보자. 원문에 있는 '노미'가 현대국어 '사람이'로 풀이되어 있다. '놈'을 '사람'으로 바꾸어야 앞뒤 문맥 흐름이 자연스러워진다. 15세기 '놈'을 현대어에서도 그대로 '놈'이라고 풀이해 읽으면 글이 이상해진다.

(1)의 ㄱ과 (2)의 ㄱ을 통해 15세기 '놈'이 오늘날 '놈'과 쓰임새가 달랐다고 추정할 수 있다. 15세기에 쓰인 '놈'은 오늘날과 같은 비속어적인 의미와 무관하게 보통 사람을 가리키는 가치 중립적인 표현처럼 쓰였다. 그러다가 '놈'은 현대국어 시기로 오면서 비속어처럼 쓰이는 경우가 많아졌다. 국어사에서 '놈'은 단어 형태가 그대로인 채 의미 범주가 바뀐 언어 변화 사례로 자주 소개된다.

훈민정음 서문에는 다양한 언어 변화 양상을 보여 주는 사례들이 상당수 있다. (1)의 '하니라'(ㄴ)는 (2)에서 '많으니라'(ㄴ)로 해석되었으므로 단어 종류가 형용사다. 그런데 이 말은 어떤 행위나 동작을 취한다는 뜻을 지닌 동사 '하다'와 소리가 같다. 그렇다면 중세국어 시기에 형용사 '하다'와 동사 '하다'는 어떻게 구별하여 썼을까.

15세기에 '많다'라는 뜻을 가진 형용사 '하다'는 모음자 'ㅏ'가 쓰인 '하다'로, '행위나 동작을 취한다'라는 뜻이 있는 동사 '하다'는 모음자 'ㆍ(아래아)'가 쓰인 'ㅎ다'로 표기하였다. 동사 '하다'의 어간語幹[59] '하-'[60]에 연

---

59. 어간(語幹)은 어미(語尾)와 함께 동사나 형용사에 대한 문법적 설명에서 자주 등장하는 말이다. '(집에) 간다', '갔다', '가니?', '가는구나!' 등을 보면 바뀌는 부분과 바뀌지 않는 부분이 있다. 여기서 바뀌지 않는 부분인 '가-'를 '어간', 바뀌는 부분인 '-ㄴ다', '-았다', '-니', '-는구나' 들을 어미라고 한다. 말뜻 그대로 어간은 말의 '줄기[幹; 줄기 간]'이자 중심적인 요소로, 어미는 말의 '꼬리[尾; 꼬리 미]'이자 주변적인 요소라고 이해하면 된다. 동사나 형용사 어간에 여러 가지 어미가 붙으면서 형태와 의미가 바뀌는 문법 현상을 '활용(活用)'이라고 한다. 활용은 동사와 형용사에서만 일어난다. 그래서 이들 품사를 '활용하는 말'이라는 뜻의 '용언(用言)'이라고 묶어 부르기도 한다.

결어미 '-고자'가 연결된 형태인 (2)의 현대어 '하고자'(ㄹ)가 15세기에 'ㅎ고져'(ㄹ)로 표기된 것을 통해 이를 확인할 수 있다.

'내'(ㄷ)는 주격 조사의 변화를 보여 준다. "내가 왕이다."라는 문장에서 '내가'를 15세기 문법에 맞게 적으면 '내'만으로 충분하다. 그러므로 "내가 왕이다."라는 문장을 15세기 표기법에 맞춰 적으면 "내 왕이니라." 처럼 쓰면 된다. 이유가 무엇일까.

주격 조사는 문장 안에서 어떤 말[61] 뒤에 붙어 그 말이 주어 자격을 가지게 하는 격 조사다. "눈이 온다."라는 문장에서는 '-이'가 주격 조사다. 오늘날에는 주격 조사의 기본형으로 '-이'와 '-가' 두 가지가 있다.

15세기에는 주격 조사 기본형이 '-이' 하나만 있었다. 그래서 15세기에 1인칭 '나'를 문장 주어로 쓰고 싶었다면 '나'에 '이'를 결합하여 '내'로 쓰면 되었다. (1)에서 세종이 '내가'처럼 하지 않고 '내'(ㄷ)로 한 것이 이 때문이다. 오늘날 우리가 쓰는 (2)의 '내가'(ㄷ)나 '네가'와 같은 표현은 주격 조사가 두 번 겹쳐 쓰인 형식이라고 볼 수 있다.

또 다른 주격 조사 '-가'는 '-이'보다 훨씬 후대에 생겨났다. 지금까지 전해지는 자료 중에서 주격 조사 '-가'가 최초로 등장하는 기록물은 조선 시대 시인 송강 정철(1536~1593)의 어머니 안씨가 쓴 한글 편지라고 알려져 있다. 국어학자들은 이 자료가 1572년경에 쓰였다고 추정한다. 우리가 매일 쓰는 '-가'는 나이가 500년이 채 되지 않은 '젊은 말'이라고 할 수 있겠다.

---

60. 줄표('-')는, 그 앞말인 '하'가 홀로 쓰이지 못하고 반드시 그 뒤에 있는 다른 어떤 말(여기서는 '고자')과 함께 쓰여야 한다는 것을 뜻하는 기호다. 줄표가 어떤 말의 앞(예를 들어 '-가')에 있거나 양쪽에 있는 경우(예를 들어 '-겠-')도 마찬가지다.
61. 명사와 대명사와 수사가 포함되는 체언이나, 체언 구실을 하는 말이다.

'-가'가 처음부터 주격 조사의 대표 선수 대접을 받지는 않았다. 처음에는 이중모음 뒤에만 나타나는 것처럼 매우 제한적인 환경에서 쓰였다. '왜가(일본이)', '성의가(성의라는 사람이)' 같은 예들이 그것이다.[62] 후에 '-가'는 '새가'나 '영준이가'에서처럼 모음으로 끝나는 모든 말 뒤에 붙어 쓰였다.

젊은이 말, 늙은이 말

언어는 마치 진화하는 생물체처럼 시간 흐름에 따라 변한다. 언어 변화는 다양한 방식으로 이루어진다. 한 단어의 소리(형식)가 변하거나, 의미(내용)가 바뀐다. 기존에 없던 문법 요소가 새로 생겨나거나, 원래 있던 문법 요소가 완전히 사라지거나, 문법 요소가 그대로라도 의미나 쓰임새가 과거와 달라진다.

'가히'가 '가이'를 거쳐 '개'로 변한 것은, '셔볼'이 '셔울'을 거쳐 '서울'로 바뀐 것과 비슷하다. 이들은 단어의 소리나 형태가 바뀐 예다. '놈'이나 주격 조사 '-가' 사례는 의미나 문법 요소의 변화와 관련된다. 말하는 방식이나 그것을 글로 적는 관습이 변하는 것도 언어의 변화상을 보여 주는 사례라고 볼 수 있다. 이와 같이 시간 흐름에 따라 변화하는 언어의 특성을 '역사성歷史性'이라고 한다.[63]

언어가 변화하는 것은 피할 수 없는 운명이다. 변화는 언어뿐 아니라

---

62. 이들 예에서 'ㅙ'나 'ㅢ'가 이중모음이다. 이중모음은 발음할 때 입술 모양이 바뀌는 모음이다. 'ㅏ'나 'ㅗ', 'ㅔ'나 'ㅚ'처럼 입술 모양이 바뀌지 않는 모음은 '단모음'이라고 한다.

이 세상에 존재하는 모든 존재가 공통적으로 갖는 모습이다. 시간의 수레바퀴 아래서 영원불변하는 것은 아무것도 없다. 사람이 세상에 태어나 살다가 죽어가는 것처럼 수많은 말이 이 세상에 태어나 이런저런 모습으로 살다가 어느 날 조용히 사라진다. 아직 나이가 많지 않아 파릇파릇한 젊은이 말이 있는가 하면, 묵은지처럼 오래되어 깊은 맛이 우러나오는 늙은이 말이 있다.

언어는 '신생新生 → 성장成長 → 사멸死滅'이라는 단계별 과정에 따라 자신의 운명적인 일생을 살아간다. 신생은 없던 말이 새롭게 생겨나는 것이다. 성장은 어떤 말이 널리 쓰이게 되면서 형태나 의미가 달라지는 변화 과정을 가리킨다. 사멸은 전부터 쓰인 말이 쓰이지 않게 되면서 완전히 사라지는 것을 말한다. 언어의 운명은 다양한 차원에서 이루어진다. 우리말 자모음 소리 몇 가지를 중심으로 구체적으로 살펴보자.

'쌀'이 '쌀'이 아니었다?

말소리는 자음과 모음으로 나뉜다. 각 시대별로 자음과 모음이 실제 언어생활에서 어떻게 쓰였는가 하는 점은 소리의 역사적 변천상을 연구하는 언어학자들에게 중요한 관심사 중 하나다. 말은 여러 소리로 이루

---

63. 언어학에는 크게 특정한 한 시대의 언어를 연구하는 입장과 시간 흐름에 따른 변화상을 연구하는 입장이 있다. 전자는 '공시 언어학(synchronic linguistics)', 후자는 '통시 언어학(diachronic linguistics)'이라고 한다. 예컨대 '15세기 국어의 조사 연구'는 '15세기'라는 고정된 시간대만을 대상으로 하므로 공시 언어학적 연구로 볼 수 있다. 반면에 '국어 조사의 역사적 변천 연구'는 국어 조사가 시간 흐름에 따라 어떻게 변했는지를 살피는 것이므로 통시 언어학적 연구다.

어져 있고, 이 소리들은 각 시대 언어가 어떠했는지를 가장 뚜렷하게 보여 준다.

'어두자음군語頭子音群' 현상은 단어 첫머리에 둘 또는 그 이상의 자음 연속체가 오는 것을 말한다. 말 첫머리[어두]에 자음 무리[자음군]가 한꺼번에 출현하는 데서 붙여진 명칭이다.

영어에서는 어두자음군 현상이 넓게 나타난다. 'skate, step'과 'screen, strong'을 보면 어두에 각각 두 개와 세 개의 자음 'sk(ㅅㅋ)-, st(ㅅㅌ)-'와 'scr(ㅅㅋㄹ)-, str(ㅅㅌㄹ)-'가 연쇄적으로 나타나 전형적인 어두자음군 형태를 띠고 있다.

영어와 달리 21세기 현대 한국어에는 어두자음군 현상이 나타나지 않는다. 그런데 과거로 거슬러 올라가면 상황이 달라진다. 고려 시대인 12세기 초 중국에서 나온 『계림유사鷄林類事』라는 책을 보면 당시 한국어에 어두자음군 현상이 존재했을 가능성을 보여 주는 사례들이 있다.

『계림유사』에는 동시대 다른 자료들에서는 찾아보기 힘든 고려 시대 단어 360여 개가 실려 있다. 이들은 모두 음차音借[64] 방식으로 적혀 있다. 예를 들어 『계림유사』에서 '하늘', '구름'과 같은 우리말 단어는 '天曰漢捺(천왈한날)', '七曰一急(칠왈일급)'처럼 적혀 있다. 당시는 우리 고유 문자인 훈민정음이 만들어지기 전이었다. 그래서 우리말 단어의 당시 말소리와 유사하게 읽히는 한자들을 빌려와 단어를 적었다.[65]

그런데 『계림유사』에는 오늘날 '쌀'에 해당하는 말을 '菩薩(보살)'이라

---

64. 어떤 말을 적을 때, 다른 말의 소리를 빌린다는 뜻이다.
65. 1103년경 송나라 사신 손목(孫穆)이 지은 것으로, 고려 풍습과 제도 등을 소개하고 있는 책이다.

는 한자 두 개로 적어 놓았다. '쌀'은 조선 시대 초기 무렵에 나온 책들에서는 '뿔'로 적혔다. 1음절 단어처럼 보이는 '뿔'을 왜 '보살'이라는 2음절 단어로 적었을까. '쌀'의 역사적인 변천 과정에 답이 있다. 아래 (a~c)를 보자.

(a) '쌀'이라는 말은 12세기 고려 시대나 그 이전에는 '보살'이나 그와 비슷한[66] 어떤 두 음절의 소리로 발음되었다.

(b) 13~14세기 무렵을 지나면서 첫 번째 '보'의 모음 'ㅗ'가 탈락해 'ㅂ'이 흔적처럼 남았다.

(c) 이후 'ㅂ'이 흔적처럼 남은 '뿔' 형태가 조선 시대에 이르면서 당시 문헌 자료에 그대로 적혔을 것이다.

(b) → (c) 단계를 거치면서 형성된 '뿔'의 'ㅄ'은 어떻게 발음하였을까. 여기에는 크게 두 가지 의견이 맞서 있다. 먼저 '뿔'의 'ㅄ'이 실제로는 된소리 'ㅆ'으로 발음되었으리라는 주장이 있다. 이에 따르면 'ㅄ'의 'ㅂ'은 발음되지 않는다. 'ㅄ'은, 이 말의 원래 형태(소리)를 반영하는 표기의 보수성에서 비롯된 것으로 해석한다.

표기의 보수성은 상당히 일반적인 현상이다. 우리말에는 형용사 '넓다'의 어간語幹 '넓-'에 있는 'ㄼ'과 같이 겹받침을 가진 말이 많다. 이들 단어의 겹받침이 모두 늘 소리로 실현되지는 않는다. '넓-'만 하더라도 '넓으니', '넓었다'에서는 '[널버서]', '[널버따]'에서처럼 'ㄹ'와 'ㅂ'이 모

---

66. 『계림유사』의 단어 표기에는 음차를 통해 한자 음을 빌려 적는 방식이 활용되었다. 이 때문에 당시 실제 발음을 정확하게 반영하기는 어려웠으리라 짐작된다.

두 살아 있다. '넓고', '넓게'는 [널꼬], [널께]로 발음되어서 'ㅂ'이 실현되지 않는다. 그런데 우리는 이 말의 원래 기본 형태를 살리는 보수적인 입장에서 '넓고', '넓게'로 표기한다.

'ㅄ'의 발음 문제와 관련한 두 번째 주장에서는 'ㅂ'의 존재를 실질적인 차원에서 인정한다. 'ㅄ'에 있는 'ㅂ'과 'ㅅ'의 음가音價[소릿값]가 살아 있다고 보고, 이들이 모두 음성으로 실현되었다고 본다. 영어 단어 'strong'의 어두자음군 'str(ㅅㅌㄹ)-'가 모두 발음되는 것과 비슷하다. 이 관점에 따르면 '쌀'은 [브살]이나 [보살]이나, [바살] 중 어느 하나에 가깝게 발음되었을 것이다.

'쌀'의 'ㅂ'에 음가가 있다고 보는 견해는 나름대로 근거가 있다. 'ㅄ'의 'ㅂ'이 흔적처럼 남아 있는 '좁쌀'을 보자. '좁쌀'은 잡곡의 일종인 '조'에 '쌀'이 결합하여 이루어진 합성어다. 그런데 '조+쌀'의 결과는 '조쌀'이 아니라 '좁쌀'로 나타난다. 원래 말들인 '조'나 '쌀'에 없던 'ㅂ'이 갑자기 생겨난 꼴이다. 이 정체불명의 'ㅂ'은 어디에서 생겨났을까.

'ㅄ'을 어두자음군으로 보는 연구자들은 이 문제를 역사적인 관점에서 해결한다. 이들은 '쌀'의 옛말인 '쌀'의 'ㅂ'이 앞 말인 '조'의 받침으로 들어가게 된 데서 '좁쌀'의 'ㅂ'이 나타났다고 본다. 그런데 'ㅂ'이 왜 앞 말 받침으로 들어가 쓰였을까. 이는 'ㅂ'의 소릿값이 살아 있었다는 점을 전제로 설명할 수밖에 없다. 소릿값이 없었다면 굳이 말소리에 흔적을 남겨 둘 필요가 없다.

'시간'을 의미하는 '때'가 대명사 '이'나 '저'와 결합하여 합성어가 될 때도 비슷한 현상이 발생한다. '이+때'와 '저+때'의 결과는 '이때', '저때' 가 아니라 '입때', '접때'가 된다. '때'의 옛말은 '쌔'다. 이 말에는 어두에 자음이 세 개('ㅂ, ㅅ, ㄷ')나 겹쳐 있다. 그런데 'ㅳ'의 'ㅂ'이 그 앞말인 '이'와 '저'의 받침으로 들어가면서 '입째', '접째'가 된다. 이후 'ㅼ'은 된소리('ㄸ')로 바뀌면서 오늘날 '입때', '접때'에서처럼 쓰이게 되었다.

사라진 'ㆍ'(아래아)의 후폭풍

모음의 변천상은 지금은 쓰이지 않는 소리인 'ㆍ'(아래아)를 통해 알아보자. 『훈민정음』 기록을 참조하면 'ㆍ'는 모음 'ㅏ'와 'ㅗ'의 중간 정도 소릿값을 가진 것으로 추측된다. 'ㆍ'를 정확히 발음하려면 혀 위치를 입안 중간쯤에 놓은 뒤 'ㅏ'보다는 입을 오므리고 'ㅗ'보다는 입을 더 벌리는 방식으로 해야 한다. 어떤 학자들은 'ㆍ'가 영어 발음 '[ʌ]'쯤에 해당하는 소리를 갖고 있었다고 본다. '아래아'라는 이름은, '몰'이나 '쏨'에서처럼 어떤 글자(ㅁ, ㅆ) '아래'에 표기된다고 해서 붙여졌다.

'ㆍ'는 18세기 이전까지 하나의 독립된 음운 단위로 취급되었다. 예를 들어 15세기만 하더라도 모음 'ㅏ'와 'ㆍ'는 '말[語, 언어]: 몰[馬, 동물]'의 대립에서처럼 뚜렷하게 구별되어 쓰였다. 이런 상황은 18세기에 접어들면서 바뀌었다. 이 시기에 'ㆍ'는 제 음가를 완전히 잃고 'ㅏ, ㅡ, ㅜ' 같은 다양한 모음으로 대체되었다. '스랑[思, 생각하다]'이 '사랑'으로, 'ㅁ숨[心]'이 '마음'으로, '아ᅀᆞ[弟, 동생]'가 '아우'로 바뀌었다.

'ㆍ'의 변화는 모음 전체에 영향을 끼쳐 우리말 모음 체계가 바뀌는 데 중요한 요인으로 작용하였다. 고대부터 통일 신라 때까지 고대국어 시기에는 모음 체계가 단모음 7개를 바탕으로 구성되어 있었다. 이와 같은 7단모음 체계는 고려 시대에서 조선 시대 중기까지를 아우르는 중세국어에 그대로 이어졌다. 이를 혀의 '앞(전설) → 중간(중설) → 뒤(후설)'와 '위(고) → 가운데(중) → 아래(저)' 기준에 맞춰 모음 사각도[67]로 배열하면 아래 [그림 1]과 같이 된다.

임진왜란(1592년)과 병자호란(1636년)을 거치면서 시작되는 근대국어 시기에 변화가 생겼다. 제일 먼저 기본 단모음 중에서 음운 자격을 잃은 'ㆍ'가 모음 체계에서 떨어져 나갔다. 그 대신 전에는 이중모음이었던 'ㅔ'와 'ㅐ'가 기본 단모음 체계에 새로 합류하였다. 이러한 변동 결과 전체적으로 모음 기본 조직이 7모음 체계에서 8모음 체계로 바뀌게 되었다[그림 2].

20세기 이후 현대국어에서는 이 기본 8모음에 'ㅟ'와 'ㅚ'가 새로 끼어들면서 모두 10모음을 기본으로 하는 체계로 완성되었다[그림 3]. 이와 같은 모음 체계의 역사적인 변천상을 모음 사각도를 활용해 나타내면 [그림 1~3]과 같다.

'ㆍ'의 진정한 위력은 그것이 모음 체계에서 떨어져 나간 뒤부터 펼쳐진다. 표면적으로만 보면 'ㆍ'의 소실 이후 전개된 모음 체계 변천은 모음 개수 변화가 전부인 것처럼 보인다. 그런데 자세히 살펴보면 모음의 발음 방식이나 각 모음을 발음할 때 혀 위치가 달라져 있음을 알 수 있다.

시대를 달리하는 어떤 두 말이 책과 같은 문헌 자료에 동일한 문자로 표기되어 있다고 하더라도 실제 발음할 때 소리가 서로 다를 수 있다.

---

67. 우리가 모음을 발음할 때 혀 위치와 입을 벌리는 정도에 따라 모음을 분류하여 사각형 안에 그림으로 나타낸 것을 말한다. 일반적으로 모음 사각도에 포함되는 모음들은 모두 기본 모음인 단모음이다.

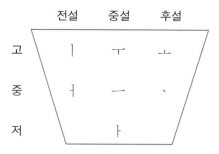

[그림 1] 중세국어(고려~조선 중기)의 모음 체계

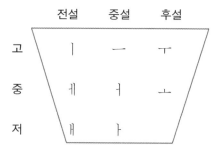

[그림 2] 근대국어(조선 후기)의 모음 체계

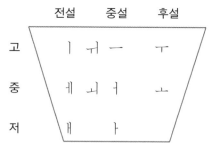

[그림 3] 현대국어(20세기~현재)의 모음 체계

예를 들어 중세국어 시기인 조선 전기에는 'ㅚ, ㅐ, ㅟ, ㅔ' 같은 말이 '[오이], [아이], [우이], [어이]'처럼 입술 모양이 바뀌는 이중모음으로 발음되었다. 그런데 이들은 [그림 3]에서 알 수 있는 것처럼 현대국어에서 10개로 이루어진 기본 단모음 체계에 들어가 있다. 단모음이므로 입술 모양을 바꾸지 않고 '[외], [애], [위], [에]'로 발음해야 한다.

최근 단모음인 'ㅚ'와 'ㅟ'가 400~500년 전에 그랬던 것처럼 이중모음으로 되돌아가는 듯한 현상이 발견되고 있다. 이러한 현상은 비교적 젊은 층을 중심으로 하여 '외국어'나 '위하여'의 '외', '위'를 이중모음처럼 발음하는 이들이 많아진 데서 알 수 있다.

도깨비 같은 말

위에서 '-가'가 최초로 출현한 시기를 16세기 후반 정도라고 보았다. 그런데 이러한 추정은 현존하는 문헌 자료에 근거했을 때만 '사실'이다. 정철의 어머니가 주격 조사 '-가'를 최초로 만들어 쓴 사람이라는 것과 같은 기록이 있다면 모르겠지만 그럴 가능성은 거의 없다. 오히려 정철의 어머니 같은 평범한(?) 부녀자가 '-가'를 주어 자리에 쓸 수 있을 정도라면 그보다 훨씬 전부터 '-가'가 출현하여 사람들 사이에 널리 쓰였다고 보는 것이 자연스럽다.

말이 탄생하고 성장하며 사라져 가는 모든 과정을 한 자리에서 지켜볼 수 있는 사람은 없다. 원칙적으로 하나의 말은 갑작스럽게 태어난다. 그 과정의 전모를 정확히 밝히기가 대단히 어렵지만, 어떤 말을 맨 처음으로 만든 한 사람, 또는 말이 최초로 나타나는 어느 순간이 분명히 있을 것이기 때문이다.

그러나 그것이 쓰이다가 사라지기까지 과정은 긴 시간에 걸쳐 아무도 모르게 천천히 이루어진다. 그래서 우리는 말의 일생을 특별히 인식하지 못한다. 그런 점에서 말은 우리에게 갑자기 나타났다가 언제 갔는지 모르게 사라지는 변덕스러운 도깨비와 같다.

물론 세상에 태어난 모든 말이 사라지지는 않는다. 어떤 말이 사라진다고 해서 그 흔적까지 완벽하게 없어지는 것도 아니다. 예를 들어 오늘날에는 별로 쓰이지 않는 '나막신'이라는 말에는 '나무'의 또 다른 옛말인 '나막(나목)'이 화석처럼 남아 있다. '내(나의) 책', '네(너의) 가방'의 '내', '네'나, '쇠고기(소의 고기)'의 '쇠'에서는 모음 'ㅣ'가 단독으로 소유격[68]처럼 쓰이고 있다. 'ㅣ'가 소유격으로 쓰인 것은 15세기였으니, '내 책, 네 가방, 쇠고기'는 15세기 언어의 화석이 살아 있는 예라고 할 수 있다.

우리 주변에는 이처럼 화석 같은 말들이 상당히 많다. 우리는 이들을 통해 옛말의 모습을 찾고, 말의 최초 조상이 어떠했는지 추적하기도 한다. 이는 우리말뿐 아니라 다른 나라 말에서도 마찬가지다. 최초의 조상말을 찾아가는 과정에서 세계 언어가 하나였던 시절, 저 먼 신화 속 '바벨의 언어'를 상상해 본다.

---

68. 속격이라고도 한다. '~의'의 뜻으로 쓰이는 말을 가리킨다.

14.

바벨의 말은 어떻게 바뀌었을까?
_언어의 보편성과 다양성

바벨탑 이야기

성서에 나오는 유명한 바벨탑 이야기는 신과 인간 사이에 벌어진 불화에서 시작한다. 대홍수 이전에 살았던 사람들은 타락과 방종을 일삼았다. 교만한 사람들에게는 거리낄 것이 하나도 없었다. 신은 사람들의 그런 모습을 자신의 권위에 대한 도전으로 받아들였다. 더러운 세상을 쓸어버리겠다고 결심한 신은 온 땅에 대홍수의 형벌을 내렸다.

노아는 신을 경배하는 경건한 사람이었다. 노아 일가족은 신의 은총을 받아 거대한 방주에서 자신들의 목숨을 구하였다. 홍수가 그쳤을 때 지상에 살아남은 족속은 노아 식구뿐이었다. 그들은 신을 찬미하였다. 노아 후손들은 먼 과거의 또 다른 선조들이 어떻게 사라져 갔는지 잊지 않았다. 그들은 신이 무소불위의 힘으로 언제든지 자신들을 내칠 수 있음을 생생히 기억하면서 살았다.

시간이 흘러 세상이 완전히 평온을 되찾자 사람들이 또 다시 타락해 갔다. 신이 언제든지 분노하여 온 세상을 완전히 쓸어 버릴 수 있음을 알고 있었던 그들은 고민에 빠졌다. 마침 그들은 하나의 언어를 쓰고 있

바벨탑

어서 서로 자연스럽게 말을 주고받을 수 있었다. 이 때문에 어떤 일이라도 쉽게 시작할 수 있었다. 마침내 그들은 거대한 탑을 쌓아 신에게 맞서자는 야심찬 계획을 세웠다. 훗날 '바벨탑'으로 불리는 초대형 건축물이 이렇게 해서 세워지게 되었다.

바벨탑 이야기는 통일된 언어가 갖고 있는 놀라운 힘을 보여 준다. 무소불위의 힘을 가진 신조차 바벨탑을 쌓기 시작한 사람들을 보며 다음과 같이 중얼거렸다.

"이 무리가 한 족속이요 언어도 하나이므로 이같이 시작하
였으니, 이후로는 그 하고자 하는 일을 막을 수 없으리로다."

_성서 〈창세기〉 11장 9절

하나의 언어를 쓰는 사람들을 두려워한(?) 신은 결국 바벨탑을 무너
뜨렸다. 사람들은 뿔뿔이 흩어져 살면서 서로 다른 말을 썼다.

바벨탑 이야기는 허황된 신화처럼 들리지만 일부에서는 이를 실제 역
사처럼 해석한다. 기원전 1500년경 유태인들은 바빌로니아 왕국에 포로
로 끌려 갔다. 바빌로니아는 메소포타미아인들이 세운 왕국이었다. 앞선
기술 문명을 갖고 있던 메소포타미아인들은 바빌론이나 수메르의 여러
도시에 네모 반듯한 모양의 거대한 성탑城塔인 지구라트Ziggurat를 세웠
다. 일부 역사학자들은 이 지구라트가 성서에 나오는 바벨탑의 원형 모
델이라고 본다.

메소포타미아인들은 지구라트를 세우는 데 돌과 진흙 대신 벽돌과
역청을 쓰는 첨단 건축 기술을 활용했다고 한다. 그렇게 해서 만들어진
건축물들은 위용과 안정감을 자랑하였다. 당시 힘겨운 노예 생활을 하
고 있던 유태인들은 그런 지구라트를 경이로움과 질투가 뒤섞인 양면적
인 감정으로 바라보지 않았을까. 그래서 어떤 학자들은 바벨탑 이야기
에 유태인 노예들의 열등 의식이 담겼다고 해석하기도 한다.

바벨탑을 둘러싼 상반된 해석은 '바벨'이라는 말에 대한 서로 다른
뜻풀이를 통해서도 드러난다. '바벨'은 고대 메소포타미아 문명의 중심
지인 '바빌로니아'나 '바빌론' 등의 말과 함께 한 낱말밭을 이룬다. '바빌
론'이라는 명칭은 '하늘의 문', '신의 문'이라는 뜻을 담고 있다. 바빌론은

지리적으로 고대 메소포타미아의 남부 지역을 일컫는다.

히브리어로 기록되어 있는 성서에서는 바벨을 다른 뜻으로 풀이한다. 성서에서 바벨은 '혼잡'이나 '혼동'을 뜻하는 '발랄baral'에 뿌리를 대고 있는 말로 간주된다. 메소포타미아인들이 '바벨'에 부여한 뜻과 크게 다르다. 하나의 말이, '하늘의 문'처럼 신성이 잔뜩 묻어나는 고상한 의미와, '혼잡'이나 혼동'처럼 세속적인 느낌을 자아내는 의미로 동시에 풀이되고 있는 것이 무척 특이하다.

우리는 바벨의 시대에서 수천 년이 지난 시대를 살고 있다. 온 세상이 하나의 말을 쓰던 그 시대와 달리 오늘날 세계의 언어는 6000개를 훌쩍 넘는다. 한 언어권의 방언 차이까지 고려해 전 세계 언어가 2만 개 이상이라고 보는 연구자도 있다. 세계 언어가 갖는 이 다양성을 어떻게 이해해야 할까. 그렇게 많은 언어들에서 '바벨의 언어'의 흔적을 찾을 수 있을까. 만약 그런 흔적을 찾게 된다면 세계 언어의 보편성을 어떻게 설명해야 할까.

10 대 159

이 세상에 있는 모든 말은 음성언어를 바탕으로 한다. 말(음성언어)이 먼저 출현하고 문자가 나중에 만들어진다. 세상에는 문자 없이 말만으로 이루어진 언어가 많다. 사람이 쓰는 말은 자음과 모음이라는 두 개의 체계적인 소리 시스템으로 이루어져 있다. 이들 자음과 모음이 결합하여 순차적으로 음절과 단어를 만들고, 단어들이 모여 문장으로 확대

된다.

이것들은 세계 언어들에서 공통적으로 발견되는 특징이다. 이와 같은 일반적인 특징에 대한 설명들이 세계 언어의 보편성을 이해하는 데 도움을 줄까. 가만히 생각해 보면 보편성을 드러낸다고 하는 특징들이 오히려 각 언어의 특수성을 뒷받침하는 것 같다. 예를 들어 각 언어들에 쓰이는 자음과 모음의 숫자는 같지 않다. 소리들이 결합하여 음절이나 단어를 이루는 방식은 천차만별이다. 세계 언어의 보편성을 뒷받침하는 사실들이 다양성의 근거처럼 보인다.

현재 전 세계 6000여 개 언어에 쓰이는 소리를 모두 합하면 1500개가 넘는다고 한다. 그런데 하나의 언어에 사용되는 소리는 평균 40여개에 불과하다. 한국어에서는 자음 19개와 모음 21개를 합쳐 모두 40개의 소리를 활용한다. 영어도 이와 비슷하다. 음운 분석을 어떻게 하느냐에 따라 조금 차이가 나기는 하지만 최대 45개를 넘지 않는다.

똑같이 한국어를 쓰는 화자들이라고 하더라도 그들이 머릿속으로 인지하고 실제 사용하는 말소리에는 차이가 있다. 우리나라 경상도를 중심으로 하는 동부방언의 일부 지역에서는 사람들이 쌍시옷('ㅆ')을 제대로 소리 내지 못한다. 이들 지역의 화자들은 '쌀'이나 '싸우다'를 '[살]'이나 '[사우다]'처럼 발음한다. 전라도나 충청도 같은 다른 방언 지역 사람들과 달리 이들 머릿속에 있는 보이지 않는 음운(음성) 목록에는 'ㅆ' 같은 된소리가 입력되어 있지 않다.

말소리 개수의 차이는 전 세계 언어에서 다채롭게 나타난다. 남아메리카 아마존강 유역의 피라하어Pirahã 말소리는 모두 합해 10개밖에 되지 않는다. 반면 아프리카의 보츠와나에서 4000명가량의 화자가 사용하는 콩옹어!Xóõ는 자음에 해당하는 음운만 최대 159개에 이른다고 한다. 사음 개수만 놓고 봐도 피라하어와 16배나 차이가 나는 엄청난 양이다.

세계 언어의 다양성은 말소리 수뿐 아니라 말소리를 운용하는 방식에서도 드러난다. 중국어에서는 말소리의 높낮이를 나타내는 서로 다른 성조聲調 4가지를 사용해 단어의 뜻을 구별하는데,[69] 이를 '사성四聲'이라고 한다. 그래서 중국어는 대표적인 성조 언어로 분류된다.

중국어의 성조 체계를 '[ma(마)]'라는 소리를 통해 알아보자. '[ma]'를 처음부터 끝까지 일관되게 높은 소리로 발음하면 제1성(모음 'a' 위에 '−'로 표시함, 이하 모음 위 위치 같음)이 되면서 '엄마[媽]'를 나타낸다. 처음에 낮았다가 점차 높게 발음하면 제2성('／'로 표시함)으로, 옷감 원료로 쓰이는 '삼[麻]'을 가리킨다. 제3성('∨'로 표시함)은 동물 '말[馬]'을 의미하는데, 중간 높이 정도 소리로 시작하여 가장 낮은 지점을 거친 뒤 최고 소리 높이에서 끝내면 된다. 발음을 아주 짧게 끝맺는 것은 제4성('＼'로 표시함)으로, '~까[嗎]'와 같은 의문형 어미를 나타낸다.

음절音節은 언어의 다양성을 보여주는 또 다른 거울이다. 음절은 자음과 모음이 모여 이루어진 하나의 완전한 소리 덩어리다. 국어의 '개'는 자음('ㄱ')과 모음('ㅐ') 각 한 개로만 이루어진 1음절 단어다. 영어의

---

69. 중국어의 성조와 똑같지 않더라도 과거 우리말에 성조 체계가 존재했다는 주장이 있다. 조선 시대 초기 문헌에 실린 글자들에는 오른쪽 옆에 '방점(傍點)'이 찍혀 있다. 이들 방점의 개수는 서로 다른 소리의 높낮이를 나타낸다. 방점이 2개이면 '상성(上聲)'으로 처음이 낮고 끝이 높은 소리를 나타냈다. 방점이 1개이면 '거성(去聲)'으로 높은 소리를 표시한다. 점이 없는 경우는 '평성(平聲)'이라고 불렀는데, 낮은 소리를 나타냈다. 오늘날 경상도 지역을 중심으로 쓰이는 동남방언에도 성조와 관련되는 억양이 널리 쓰인다. 예를 들어 이 지역 방언의 특징을 설명할 때 즐겨 인용되는 '가가가가?'는, 그 안에 있는 각 문장 성분의 높낮이를 미묘하게 변화시킴으로써 '그 아이가 (전에 네가 말한) 그 아이냐?' 같은 의미를 담은 문장으로 쓰일 수 있다.

'strong'과 'strengths'는 각각 자음과 모음이 4개('s, t, r, ng'), 1개('o')와 6개('s, t, r, ng, th, s'), 1개('e')가 모여 1음절 단어를 이룬다. 이들을 중세 국어 우리말의 어두자음군과 모아쓰기 방식으로 적으면 '*ʃ듕*'이나 '*ʃ듕ㄷ*' 정도가 될 것이다.

앞 장에서 소개한 조선 시대 어두자음군의 사례도 이와 비슷하다. 조선시대 어두자음군은 '그쁴(그때)'의 예에서처럼 말의 첫머리에 오는 자음 개수가 3개('ㅴ')가 최대치였다. 이에 반해 옛 소련 지역에서 쓰인 조지아어에는 'gvbrdɣvnis'라는 단어의 'gvbrdɣvn'처럼 어두에 오는 자음의 개수가 최대 8개까지 있다고 한다. 현대 한국어를 쓰는 보통의 화자들이 발음하기가 무척 어려울 것 같다.

문법의 탄생

세계 언어가 보여 주는 다채로운 모습은 어디에서 비롯되었을까. 각 나라와 민족의 말은 기본적인 차원에서 모두 같은 특징을 갖는다. 자음과 모음으로 구성되어 있고, 하나의 생각을 문장의 형태로 전달하며, 문장 안에 주어나 목적어나 서술어 같은 필수적인 문장 성분들-혹은 그것에 대응하는 요소들-을 포함한다. 사람들은 이런 기본적인 요소들을 통해 의사소통에 필수적인 정보들을 상대방에게 전달한다.

그런데 어떤 정보들은 특정한 몇몇 언어에서만 중요하고 필수적일 뿐 다른 언어에서는 그렇지 않다. 화자와 청자 사이의 위계 서열이 언어 형태로 나타나는 높임법(경어법) 체계는 영어에서 그다지 중요하지 않은 문법 정보다. 그런데 한국어에서는 높임법이 아주 중요한 문법적 위상을 차지한다. 중세 한국어와 현대 한국어를 놓고 보아도 높임법이라는 문법 요소는 각 시대별로 서로 다른 모습을 띠면서 다채롭게 쓰였다.

한 언어의 문법이나 소리 체계는 오래 세월 동안 서로 다른 환경에서 살아온 각 언어 공동체의 사고 관습이나 언어문화를 포함한다. 인간은 서로 다른 자연적, 문화적 환경에서 살아가기 때문에 경험하는 삶의 양상이 다양하다. 이때 문법은 말할 필요가 있는 것과 그렇지 않은 것을 분간하는 데 중요한 기준이다. 따라서 한 언어의 문법 범주들은 해당 언어 문화권 내에서 말할 필요가 있는 것만을 선택적으로 받아들인 것들의 목록이라고 하겠다.

러시아 출신의 미국 언어학자로 세계적인 명성을 날린 로만 야콥슨 Roman Jakobson, 1896~1982은 언어 연구에 실어증학을 도입하고 문학어를 적극적으로 탐구함으로써 언어학의 외연을 넓힌 데 크게 기여하였다. 야콥슨은 일찍이 세계의 각 언어가 '무엇을 전달할 수 있는가'가 아니라 '무엇을 전달해야만 하는가'에 따라 본질적으로 차이가 난다고 말한 바 있다.

야콥슨의 말은 여러 언어 사이에 문법 차이가 생기는 원리나 이치를 잘 보여 준다. 이 세상에는 우리 관심과 주의를 끄는 일들이 많다. 한 언어 공동체의 화자들은 그중 머릿속에 저장한 뒤 필요할 때마다 꺼내 사용해야 하는 것들을 선택적으로 결정한다. 그런 다음 그들 각각에 일정한 지위나 서열을 부여한다. 한 언어에 쓰이는 다양한 문법 범주(유형)가 이러한 과정을 통해 만들어진다.

세상에 태어난 문법 범주는 해당 언어 언중들에게 일정한 제약을 가

한다. 개별 언어의 화자는 경험을 분류하고 표현하는 과정에서 관심을 기울일 것과 그럴 필요가 없는 것을 구별한다. 다른 언어에서는 무시해도 되는 요소들에 더 특별한 관심을 기울이기도 한다. 이와 같은 사회적인 제약을 제대로 따르지 않는다면 언어를 통한 사회적인 삶이 매우 힘들다.

예를 들어 500년 전 중세국어 언중들은 말 속 주체나 대상, 말을 나누는 상대방과의 사회적인 관계를 현대국어를 쓰는 우리들보다 더 철저하게 따졌다. 이 시기 한국어에는 지금보다 훨씬 더 다양한 높임 등급이 발달해 있었다.

봉건적인 계급 구조가 사라진 현대 한국어에서 높임법이라는 문법 범주는 점점 약해지고 있다. 그렇다고 우리가 특별히 관심을 기울이지 않아도 될 정도로 비중이 줄어들지는 않았다. 현대 한국 어린이 철수가 한국어 높임법에 관심이 없다고 사회적인 위계를 고려하지 않은 채 말을 하면, 철수는 어른들에게 버르장머리 없는 아이로 취급받는다.

변신하는 말, 결합하는 말

세상에 존재하는 수많은 말이 서로 다른 모습으로 쓰인다고 해서 연관성을 전혀 찾아볼 수 없는 것이 아니다. 이들은 문장 구조나 어순, 말을 부려 쓰는 방식, 말의 형태 등 다양한 측면에서 유사성을 보여 준다. 언어학자들은 이런 사실을 고려하여 세계 언어를 교착어, 굴절어, 고립어, 포합어 등 몇 개의 포괄적인 유형으로 나누어 설명한다.

'교착어膠着語, agglutinative language'는 어떤 말에 독립성이 없는 조사나 어미나 접사가 '접착제'처럼 들러붙는 언어를 말한다. 문장 안에서는 조사나 어미나 접사를 통해 문법적인 의미나 관계가 드러난다. 한국어나 일본어가 대표적인 교착어에 해당한다.

교착어는 하나의 말에 다른 말이 덧붙여지는 특성 때문에 '첨가어添加語, affixing language'라고도 한다. 한국어로 영어의 "I love you."라는 문장을 만들기 위해서는 대명사 '나'와 '너', 동사 서술어의 어간 '사랑하-', 조사 '-는'과 '-를', 어미 '-ㄴ다' 등 모두 6개의 문장 요소들이 필요하다. 이들은 '나', '너', '사랑하-'에 '-는', '-를', '-ㄴ다'가 교착하는 방식으로 결합하면서 "나는 너를 사랑한다."와 같은 문장으로 완성된다.

영어 같은 굴절어와 달리 교착어는 어떤 말에 조사나 어미 등이 추가되어도 대부분 그 말의 기본 형태가 살아 있다. 그런데 굴절어인 영어 단어 중에도 'worked'의 경우처럼 원래 말의 형태가 살아 있는 경우가 있다. 그런 점에서 교착어와 굴절어 유형은 서로 통하는 면이 일부 존재한다.

교착어에서는 문법적 기능어의 일종인 조사나 어미가 무척 중요하다. 대표적인 교착어인 한국어에 조사와 어미가 다양하게 발달해 있는 것도 이들이 담당하는 문법적 기능의 중요성 때문이다. 현재 한국어의 기본 조사는 150여 개가 사전에 올라 있으며, 이들이 결합된 복합 조사도 여러 종류가 있다. '나는, 나도, 나만, 나조차'의 '-는, -도, -만, -조차'와, '나까지도, 나에게서부터, 나로부터만'의 '-까지도, -에게서부터, -로부터만'처럼 다양하게 쓰인다.

어미 역시 다양하다. 바탕꼴 '가다'의 어간 '가-'에 붙을 수 있는 어미에는 크게 선어말어미先語末語尾와 어말어미語末語尾가 있다. 선어말어미는 어말어미 '앞[先(선)]'에 붙는 어미여서 만들어진 명칭이다. 이들은 높임법이나 시간 표현, 화자의 주관적 태도를 나타낼 때 쓰인다. '가시었겠사옵더라'에서 '-시-'(높임법), '-었-'(시간 표현[70]), '-겠-, -사옵-, -더-'(화자의 주관적 태도[71])가 선어말어미들이다.

어말어미는 문장을 끝맺는 종결어미와 문장과 문장을 이어 주는 연결어미로 나뉜다. '간다, 갔니, 가거라, 가자' 등의 '-다, -니, -거라, -자' 등이 종결어미고, '가고, 가며, 가니, 가서' 등의 '-고, -며, -니, -서' 등이 연결어미다. 교착어인 한국어에서는 이들 다양한 어미들이 화자의 의도나 문장 종류나 의미를 결정하고 전달하는 데 커다란 구실을 한다. 문장 길이가 길어지거나 짧아지는 데에도 이들 어미의 역할이 크다.

'굴절어屈折語, inflective language'는 한 단어가 문장 안에서 담당하는 문법적 기능에 따라 그 모양이 변화하는 언어 유형을 말한다. 프랑스어나 독일어나 영어 등 인도에서 유럽에 두루 걸쳐 있는 인도-유럽 어족에 속하는 많은 언어가 굴절어에 속한다.

굴절어는 교착어와 비슷하다. '놀다'의 영어 단어에 해당하는 'play'를 과거형으로 나타내려면 과거 시제를 나타내는 어미 '-ed'를 붙여 'played'로 표현한다. 교착어인 한국어에서 '놀다'의 과거형을 표현하기 위해 바탕꼴의 어간 '놀-'에 과거시제 선어말어미 '-았-'을 붙여 '놀-+-

---

70. 시간 표현의 선어말어미에는 '간다', '먹는다'의 '-ㄴ-'나 '-는-'과 같은 현재시제 선어말어미, '가겠다'의 '-겠-'과 같은 미래시제 선어말어미가 있다. '-겠-'은 문맥에 따라 '추측'과 같은 화자의 주관적인 태도를 가리킬 때 쓰이기도 한다.
71. '-겠-'은 시간 표현으로도 쓰이는데, 여기서는 '추측'의 의미로 보는 것이 자연스럽다. '-사옵-'은 겸양이나 공손을, '-더-'는 과거 회상을 나타낸다.

았-+-다', 곧 '놀았다'가 되는 과정과 흡사하다.

물론 다른 점이 있다. 굴절어의 단어들은 어간과 어미를 구별할 수 없을 정도로 크게 변형된 모양을 갖고 있는 경우가 대부분이어서 자유자재로 변신할 있는 여지가 그만큼 크다. 그래서 이런 유형의 언어를 '굴절어'라고 지칭한다. 굴절이라는 말에는 "휘어서 꺾임", "말 따위가 어떤 것에 영향을 받아 본래의 모습과 달라짐"이라는 의미가 담겨 있다.

'가다'의 영어 단어 'go'는 과거형과 과거분사형이 'went'와 'gone'으로, 기본형인 'go'와 많이 다르다. "나는 너를 사랑한다."와 "너는 나를 사랑한다."의 영어 표현인 "I love you."와 "You love me."를 보자. 이들 영어 문장을 보면 1인칭 '나'가 주어로 쓰일 때는 바탕꼴인 'I'로 쓰인다. 그런데 '나'가 목적어 구실을 할 때는 모양이 'I'에서 'me'로 완전하게 바뀐다. 이는 'me'의 우리말 표현인 '나를'에서 '나'가 그대로 살아 있는 것과 뚜렷하게 대비된다.

홀로 떠돌거나, 함께 있거나

'고립어孤立語, isolating language'에는 한자를 사용하는 중국어나, 중국 남쪽의 티베트어, 타이어 들이 포함된다. 고립어에서는 단어 형태가 바뀌지 않는다. 모든 단어는 원래 형태 그대로 하나의 독립적인 형태소처럼 쓰인다. 대신 고립어에서는 이들 단어가 문장 어디에 위치하느냐가 중요하다. 단어들이 문장 안에서 갖는 의미나 다른 말과 맺는 문법적 관계는 그 위치에 따라 결정된다. 그래서 언어학자들은 고립어의 가장 큰 특징으로 어순을 든다.

고립어에서는 하나의 말이 갖는 문법적인 쓰임새가 다른 말의 첨가(교착어)나 형태 변화(굴절어)가 아니라 어순을 통해 결정된다. 특정한 어순 속에 있는 말은 그 자체로 '홀로 고립된' 채 존재한다. 그래서 이와 같은 유형의 언어를 고립어라고 부른다. 고립어의 실제 쓰임새를 중국어에서 1인칭 대명사 '나'를 뜻하는 '我'[72]를 통해 알아보자.

'我'는 "我愛."[73]에서 주어로 쓰이지만 "愛我."[74]에서는 목적어로 쓰인다. '我'라는 말의 형태가 변하지 않는 대신 각각 문장의 처음과 끝이라는 어순을 통해 문장 내에서의 쓰임새(의미)가 달라졌다. 어미나 조사와 같은 다른 말이 개입했거나, 형태가 변한 것은 찾아볼 수 없다. 교착어인 한국어에서 '나'가 주어일 때 '-가'가 붙지만 목적어일 때는 '-를'이 붙고, 굴절어인 영어에서 주어 'I(나)'가 목적어가 되면 'me(나를, 나에게)'로 바뀌는 것과 다르다.

마지막으로 '포합어抱合語, incorporative language'가 있다. '통합어統合語'라고도 불리는 이 언어 유형은 일본 북해도 원주민 언어인 아이누어 Ainu나 다수의 호주 원주민 언어, 아메리카 인디언 언어 들을 포함한다.

포합어에서는 문장을 구성하는 요소가 서로 밀접하게 결합하여 전체 문장이 하나의 단어를 이루고 있는 듯한 모습을 보인다. 이때 결합의 기준점이 되는 것은 동사 어간이다. 이를 기준으로 앞뒤에 다양한 문법 범주를 나타내는 요소가 결합된다.

---

72. 우리 한자음으로는 '[아]', 중국어 발음으로는 '[wo(워)]'라고 읽는다.
73. '워 아이 니' 정도로 읽으면 되는데, "나는 너를 사랑한다."라는 뜻이다.
74. "너는 나를 사랑한다."라는 문장이다.

우비크어Ubykh는 유럽의 카프카스Kavkaz 북서부 지역에서 쓰이는 언어로 대표적인 포합어다. 우비크어로 "여러분이 그로 하여금 또다시 그들을 위해 내게 속한 모든 것을 빼앗게 할 수 없었더라면 좋았을 텐데." 라는 다소 복잡해 보이는 문장을 표현하면 아래 (1)처럼 된다.

(1) aqhjazbacr'aghawdætwaaylafaq'ayt'madaqh

위 문장(단어?)에서 동사 어간은 밑줄 친 'tw'다. 이를 중심으로 앞뒤에 있는 문법 요소를 분석하면 어간을 포함하여 모두 15개가 나온다. 이를 줄표('-')로 구별해 나타낸 것이 아래 (2)다.

(2) a-qhja-z-bacr'a-gha-w-dæ-tw-aay-la-fa-q'a-yt'-ma-da-qh

(2)에서 마지막 4개의 형태소들('yt'', 'ma', 'da', 'qh')은 각각 '미완료상', '부정', '가정', '기원' 등의 문법적인 의미를 나타내는 문법 요소들이다. 포합어에서 하나의 어간('tw')에 여러 가지 문법 요소가 붙는 모습은 교착어와 비슷하다. 어간에 여러 어미가 붙음으로써 결과적으로 새로운 형식으로 변신하는 굴절어처럼 보이기도 한다. 그래서 일부 연구자는 포합어를 교착어와 굴절어가 종합된 언어 유형이라고 분류한다.

'mama'가 '아빠'면 'papa'는 '개'다!

2004년 프랑스 언어학-선사인류학 연구 협회의 피에르 방셀Pierre Bancel 박사팀이 인류 언어의 기원과 관련한 흥미로운 연구 결과를 발표하였다.[75] 인류 조상 중 하나인 네안데르탈인의 아기가 처음 내뱉은 말이 일반적으로 '아빠'를 뜻하는 'papa'였다는 내용이었다.

방셀 박사팀은 전 세계 14개 주요 어족에 속하는 언어들을 관찰하였다. 그 결과 조사 대상 1000여 개 언어 중 700개 언어에 '파파'라는 단어가 존재하고, 이 중 71퍼센트에서 '파파'가 아버지나 부계쪽의 남자 친척을 뜻하는 말로 쓰이고 있다는 것을 발견하였다.

방셀 박사팀의 주장은 인류 언어의 단일 기원설을 뒷받침하는 논거로 쓸 수 있다. 수백 종의 언어에서 '파파'가 똑같은 의미로 쓰이고 있다는 사실은 동일 어원설을 통하지 않고서는 설명하기 어렵다.

그런데 1장에서 소개한 조지아어와 피찬차차라어의 'mama'와 'papa'의 쓰임새를 떠올리기 바란다. 이들 언어에서는 'mama'가 아빠를 뜻하고(조지아어, 피찬차차라어) 'papa'가 개를 의미한다(피찬차차라어). 'papa'가 '아빠'라는 말로 쓰이는 71퍼센트를 제외한 나머지 21퍼센트의 언어는 우리의 일반적인 예측을 뛰어넘는 가지각색의 모양으로 존재한다.

브라질의 세계적인 소설가 호르헤 루이스 보르헤스Jorge Luis Borges, 1899~1986는 『바벨의 도서관』이라는 아주 흥미로운 소설 작품을 남겼다.

---

75. 〈연합뉴스〉 2004년 7월 22일 자 기사 "인류가 처음 사용한 말은 '파파(papa)'"에서 빌려 왔다.

이 작품에는 '바벨의 도서관'이 자세하게 묘사되어 있다. 바벨의 도서관에는 이 세상에 존재하는 모든 언어로 쓰인 권당 410쪽의 책들이 꽂힌 미로 형태의 서가가 있다. 오늘날 지구상에는 6000여 개의 언어가 존재한다. 보르헤스의 상상력을 빌려 계산해 보면, 총 246만 쪽 분량의 책들이 바벨의 도서관에 보관되어 있다.

지구 언어의 생태계가 갖는 이 어마어마한 다양성은 모든 인류의 소중한 자산이다. 각각의 언어 속에는 인류 전체의 역사와 문화, 삶과 현실의 많은 부분이 들어 있다. 그런데 현재 지구상에서 쓰이고 있는 많은 언어가 심각한 소멸 위기에 처해 있다. 이와 같은 소멸의 안타까움을, 1960년 유네스코 연설에서 아프리카 출신 소설가 아마도우 함파테 바 Amadou Hampaté Bâ는 다음과 같이 말하였다.

"노인 한 명이 죽는 것은 서재 하나가 불타는 것과 같다."

15.

말은 왜 사라질까?
_언어의 위기와 소멸

2099년, 에스놀로그는 없다

2012년 6월 12일 세계 최대 인터넷 기업 구글Google이 소멸 위기에 놓인 전 세계 언어를 보존하기 위해 온라인 운동을 펼치겠다는 내용의 이색적인 캠페인을 시작하였다. 구글은 이 캠페인에 '멸종 위기에 처한 언어 프로젝트Endangered Languages Project'라는 이름을 붙였다.

구글은 전 세계 언어학자들과 손을 잡고 소멸 위기에 처한 언어나 사라져 가는 방언과 관련된 자료를 찾아 저장하고 공유하기로 하였다. 구글은 인터넷에 누리집[76]을 개설하여 일반인 사용자들이 그곳에 소멸 위기 언어와 관련된 비디오나 오디오 자료, 텍스트 파일을 올리는 방식으로 운동에 동참할 수 있게 하였다. 구글이 개설한 누리집은 미처 알려지지 않은 전 세계 희귀 방언들을 추천할 수 있는 기능을 포함하고 있다고 한다.

한 언어가 소멸한다는 것은 그 언어로 이루어진 문명과 문화가 사

---

76. 누리집 주소는 'Endangeredlanguages.com'이다.

에스놀로그(출처: 에스놀로그 누리집 캡처 www.ethnologue.com)

라지는 것과 같은 의미를 갖는다. 구글이 시작한 프로젝트는 전 세계 6000여 개의 언어가 지금 어떤 상황에 놓여 있는지를 상징적으로 보여 준다. 현재 세계적으로 수많은 소수 언어가 벼랑 끝에 몰려 언제 사라질지 모르는 처지에 있다. 언어학자들은 전 세계 소수 민족들이 맞닥뜨리고 있는 자민족어의 소멸 위기가 인류 전체에 재앙이 될 것이라고 전망한다.

유네스코 자료에 따르면 현재 지구상에는 약 6000종에서 7000종 정도의 음성언어가 있다. 손으로 하는 수화언어 역시 거의 같은 수만큼 존재한다고 한다. 사람들에게 가장 널리 이용되는 세계 언어 목록인 '에스놀로그Ethnologue'에서는 2000년 기준으로 전 세계 228개국에 6809종의 언어가 존재한다고 보고하였다.

현재 전 세계 언어는 극심한 양극화 현상에 빠져 있다. 유네스코에서는 5000종의 언어가 10만 명 이하의 화자가 있고, 3000종 이상의 언어가 1만 명 이하의 화자가 있다고 발표하였다. 이들 언어는 심각한 소멸 위기에 처해 있다. 집계 기준으로 활용되는 화자 수를 낮춰 잡으면 상황이 더 심각해진다. 화자 수가 1000명 이하인 언어 공동체가 사용하는 언어 수가 1500종이나 된다. 1999년 조사를 기준으로 하면 화자가 100명 이하인 언어가 500종에 이른다.

반면 세계 언어의 300종 정도는 100만 명 이상의 사용 인구를 갖고 있는 '메가mega(백만) 언어'다. 이들 메가 언어의 사용 인구를 합하면 전체 63억 명의 인구 중 85퍼센트에 해당하는 53억 명 정도라고 한다. 모어 사용자 수로 볼 때 인구 8억 7000만 명이 쓰는 중국어, 3억 명 정도의 사용자가 있는 힌디어와 스페인어와 영어, 2억 명이 쓰는 벵골어 들이 상위 5대 언어들이다. 그 뒤를 포르투갈어(1억 7600만 명), 아랍어(1억 7500만 명), 러시아어(1억 6700만 명), 일본어(1억 2500만 명), 독일어(1억 명)가 따르고 있다. 한국어는 남북한과 국외 교포를 합쳐 거의 1억 명의 인구가 사용하고 있다. 이들 63억 명의 85퍼센트를 제외한 나머지 15퍼센트의 인구(약 9억 명)가 약 6500종의 언어를 사용한다.

세계 언어의 양극화는 언어 생태계의 미래를 암울하게 만들고 있다. 세계 언어를 연구하는 사람들 중에는 21세기 말에 이르러 현재 사용되는 언어의 90퍼센트가 완전히 사라질 것이라고 전망하는 이들이 많다. 이보다 덜 비관적으로(?) 그 수치를 50퍼센트 정도로 추산하는 이들도 있다. 이를 기준으로 잡아 보면 통계적으로 2주에 하나씩 언어가 사라진다는 계산이 나온다.

언어 소멸 현상을 가속화하는 가장 큰 요인은 갈수록 전 세계를 단단하게 하나로 묶고 있는 세계화 흐름이다. 현재와 같은 상황이 지속된다면 이번 세기 마지막 해인 2099년에 에스놀로그와 같은 세계 언어 지도를 볼 필요가 없을지 모른다. 지금보다 몸집을 더 크게 불린 몇 개의 메가 언어가 세상 모든 사람의 입을 지배하면서 아예 그런 지도가 필요하지 않게 될 것이기 때문이다.

사라지는 말을 구하라

한 언어의 소멸은 한순간에 이루어지지 않는다. 소멸 위기에 처한 언어는 아주 긴 시간을 거치면서 아무도 모르게 서서히 자취를 감추어 간다. 심지어 최후의 화자나 청자조차 깨닫지 못하는 사이에 조용히 모습을 감춘다. 최후의 화자나 청자는 마지막 순간에서조차 소멸 언어의 어떤 단어도 말하거나 들을 수 없다. 사라져 가는 언어는 그들에게 어떤 흔적도 남기지 않는다.

물론 최후의 화자나 청자는 자신의 자녀나 다른 어떤 사람에게 그 불행한 언어로 말을 할 수 있을 것이다. 그렇지만 상대방은 그 불행한 언어를 제대로 알아듣지 못하거나, 자신이 살고 있는 사회에서 쓰이는 지배적인 다른 언어로 대답할 가능성이 높다. 소멸의 길에 들어선 언어는 그런 식으로 더욱 빠르게 사라질 수 있는 최적의 요건에 놓인다.

이보다 더 근본적인 문제가 있다. 소멸 위기에 놓인 운명적인 상황 속에서도 최후의 화자나 청자는 그들의 모어를 알거나 쓰고 있는 사람이 자신뿐이라는 사실을 알아차리기가 쉽지 않다. 그들은 막연하게 이렇게 생각하고 있을지 모른다. '내 모어를 쓰고 있는 사람이 어딘가 살고 있겠지!'

평범한 사람들은 아주 특별한 경우가 아니라면 자신의 모어에 별다른 관심을 쏟지 않는다. 심정적으로 애착을 느끼거나, 모어를 보존하고 진흥하는 일에 깊은 사명감을 갖기 어렵다. 보통 사람들이 갖게 되는 위와 같은 막연한 기대는 어찌 보면 자연스럽다.

그런 점에서 언어학자 니컬러스 에번스Nicholas Evans가 보고하는 여러 사례[77]는 극적인 감동을 안겨 주면서 소멸해 가는 언어에 대한 애잔한 감상을 불러일으킨다. 2000년대 초반 허커스Luise Hercus와 로렌Mary Laughren이라는 언어학자가 호주 북동부의 와니어Wanyi 화자 2명을 찾아냈다. 와니어는 호주 북동부 일대에서 쓰인 원주민어 중 하나였다.

1960~1970년대의 빈약한 기록물밖에 없었던 와니어는 조만간 소멸될 언어로 간주되고 있었다. 허커스와 로렌이 찾아낸 화자들은 사촌지간인 아키 딕Archie Dick과 로이 세친Roy Seccin이었다. 이들은 상대방이 막연히 생존해 있을 것이라는 사실은 알고 있었지만 서로 1000킬로미터나 떨어진 곳에 살고 있었기 때문에 자신들의 언어로 대화할 수 없는 상황에 놓여 있었다.

딕과 세친은 허커스와 로렌의 노력으로 2000년 9월 호주 퀸즐랜드 남서부의 소도시에서 극적으로 상봉하여 1주일을 보냈다. 이후 세친이 2006년 2월에 죽을 때까지 허커스와 로렌은 그 2명의 화자와 함께 와니어 연구 작업을 진행한 끝에 와니어 문법서와 사전을 완성하기에 충분한 자료를 확보하였다.

---

77. 니컬러스 에번스의 책 『아무도 모르는 사이에 죽다』(2012, 글항아리) 404~410쪽에 여러 사례가 실려 있다.

운명의 시간 80년

허커스나 로렌과 같은 사명감 넘치는 언어학자들의 노력 덕분에 소수 언어의 소멸이 지연되거나, 모두가 사라졌다고 생각한 어떤 언어의 화자들이 극적으로 발견되는 일이 종종 생긴다. 그런데 그와 같은 일은 별로 흔하지 않다. 소멸하는 운명에 접어들기 시작한 어떤 언어를 되살리는 일은 현재로서는 거의 불가능해 보인다.

일부에서는 한 언어가 사라지는 데 기본적으로 80년 정도의 시간이 걸린다고 본다. 한 세대를 30년으로 잡으면 약 3세대에 해당하는 시간이다. 운명의 여정은 이보다 더 길어질 수 있다. 그 안타까운 소멸의 여정을 미국 언어학자 마이클 크라우스Michael Krauss가 개발한 언어 소멸 진단 체계를 따라 알아보자.

해당 언어를 사용하는 사람이 100만 명 이상이거나, 단일어를 사용하는 국가의 공식 언어가 해당 언어라면 'A⁺'의 '안전함safe' 단계에 있는 것으로 진단된다. 아이들을 포함하여 모든 이들이 해당 언어를 쓰고 있다면 'A'의 '안정적임stable' 단계다.

A 단계의 언어가 안정적이라고 하더라도 언제든지 위기 상황에 놓일 수 있다. 특히 해당 언어의 언중 규모가 크지 않을 때 상황이 심각해진다. 언중 수가 적으면 화산 폭발이나 홍수와 같은 자연 재해나, 이념이나 종교 대립으로 인한 종족 말살 등의 정치적인 재앙으로 인해 심대한 타격을 받을 수 있다.

한 언어의 위기는 'A⁻'의 '불안전함unstable' 단계에서 본격적으로 이루어진다. 지리적으로 고립된 일부 지역에서는 여전히 아이들 세대까지 부모 세대 언어를 사용할 수 있다. 그런데 대부분의 지역에서는 원래 언어가 다른 언어로 교체되기 시작한다. 그러다 어느 순간 아이들 세대에서 원래 언어를 배우는 가구가 전혀 없는 상황에 이른다. 그 순간을 알아차릴 수 있는 사람은 아무도 없으며, 누군가 그러한 상황을 알아보려고 해도 쉬운 일이 아니다.

어떤 언어가 불안전한 A⁻ 단계에 이르더라도 10대 청소년이 자신의 부모 세대나 조부모 세대가 그 언어를 서로 주고받는 모습을 보거나 말소리를 들을 수 있다. 그러나 이들 청소년이 자기 또래 집단에서 해당 언어를 사용하기란 쉬운 일이 아니다. 조상 언어를 아는 친구를 만났다고 하더라도 그와 함께 그 언어를 사용할 가능성이 별로 높지 않다. 그들을 포함하여 언어 공동체에 속해 있는 많은 젊은이가 지배적인 주류 언어의 영향 아래 살고 있기 때문이다.

이때부터 죽음의 신이 소멸 중인 언어를 쓰는 공동체를 향해 빠른 속도로 다가온다. 해당 언어를 쓸 수 있었던 가장 나이 어린 화자가 부모 세대가 되어 그 위 세대에서만 해당 언어를 사용하는 'B'의 '명확히 위태로움distinctively endangered' 단계, 조부모 세대 이상에서만 말하는 'C'의 '매우 위태로움severely endangered' 단계, 증조부 세대의 극소수 화자만 쓰는 'D'의 '치명적으로 위태로움critically endangered(소멸 직전)' 단계가 차례로 기다린다. 비운의 언어는 이들 단계를 모두 지난 뒤 최후 화자의 죽음과 함께 'E'의 '소멸Extinct' 단계에 이르러 세상에서 조용히 사라진다.

말의 포식자들

언어가 소멸하는 이유는 여러 가지다. 서로 다른 언어 공동체 사이의 교류와 접촉이 언어 소멸을 부추길 수 있다. 하나의 언어 공동체가 정치·사회적으로 좀 더 지배적인 언어 공동체와 만날 때 상황이 심각해진다. 우리는 이를 보여 주는 사례를 인류 역사 현장에서 두루 찾을 수 있다.

유럽 각국은 15세기 이래 수세기 동안 전 세계에 걸쳐 제국주의에 바탕을 둔 팽창 정책을 펼쳤다. 식민 통치국의 국가주의에 따른 언어 동화 정책이나 한 언어 공동체를 효율적인 경제 공동체로 만들기 위한 단일 언어 정책을 광범위하게 실시했는데, 그 과정에서 수백 종의 언어가 사라졌다. 이들에게 피통치국의 언어는 식민 정책을 펼치는 데 장애물에 불과하였다.

여러 세기에 걸쳐 영어권 인구가 대량으로 이주해 들어간 호주나 북아메리카 지역에서 상황이 특히 심각했다고 한다. 유네스코는 호주에 존재하던 250여 종의 언어 가운데 50종이 이미 사라졌고, 100여 종이 소멸 직전의 고사 상태에 놓여 있다고 보고하고 있다. 에스놀로그 자료는 호주를 포함한 태평양 지역에서 157종이 같은 처지에 놓여 있다고 분석한다.

2000년 기준으로 에스놀로그가 집계한 자료를 보면 몇몇 연장자들만이 사용하는 소멸 직전의 언어 417종의 목록 중 161종이 미국을 중심으로 한 북아메리카 지역에 집중적으로 분포해 있었다. 북아메리카 지역에는 화자가 1000명 이하에 불과한 언어가 60여 종이 있다. 전체적으로 볼 때, 호주와 미국, 캐나다 등을 중심으로 영어권 화자들이 정착한 지역의 언어 소멸 수치가 90퍼센트 이상으로 나타난다. 메가 언어 국가가 높은 경제력과 강한 군사력을 이용하여 전 세계에 갈수록 큰 영향을 미치고 있는 증거라고 볼 수 있다.

경제 개발이나 산업화 속도가 상대적으로 더딘 남아메리카 지역의 토착어는 그나마 처지가 양호한 편이다. 크라우스의 범주 표에 따라 분류한 최신 자료[78]에 따르면 조사 대상 언어 393개 중 71퍼센트 정도에 해당하는 278개 언어가 A등급 단계에 있었다. 이들 언어 공동체에서는 여전히 어린이나 젊은 세대가 해당 언어를 배운다. B등급 이하의 단계에 있는 나머지 29퍼센트의 언어 중 이미 소멸한 언어가 20개 정도가 있기는 하지만 전체적으로 보아 이곳의 언어 안정성은 북아메리카 지역보다 상대적으로 높다.

현재 전 세계적으로 해당 언어의 사용자가 1000명 이하밖에 되지 않는 언어의 수는 1500여종에 이른다. 이들 언어는 강한 민족주의나 국가주의, 단일 언어 공동체 중심의 경제 위주 정책으로 무장한 정부의 통치 압력 아래 있다. 해당 언어 공동체의 어린이들이 각자의 모어를 배우지 않는 언어만 해도 전 세계 언어의 20~50퍼센트에 해당한다. 이들 역시 아주 빠른 속도로 소멸의 소용돌이 속으로 빠져들고 있다.

---

78. 위에 소개한 니컬러스 에번스의 책 417쪽에 있는 표를 따른다.

말의 외발자전거와 두발자전거

언어 소멸 문제를 좀 더 냉철하게 이해하고 해법을 모색하기 위해서는 여러 가지를 고려해야 한다. 고전적인 언어 동화 정책이나 정부 압력과 별개로 갈수록 가속화하는 세계화 현상을 간과해서는 안 된다. 지금은 위성 티브이나 인터넷이나 휴대전화 같은 전자적인 방식의 의사소통 수단이 매우 발달해 있다. 이들을 통해 전 세계인들이 서로 직간접적으로 접촉할 수 있는 기회가 과거와 비교할 수 없을 정도로 커졌다. 그래서 어떤 사람들은 언어 소멸을 부추기는 전자 매체를 '문화적 신경가스'에 비유한다.

둘 이상의 언어 환경에 노출될 수밖에 없는 다중 언어 사회에서는 언어 소멸 문제가 더 복잡하다. 다중 언어 사회의 소수 언어 공동체에서 성장하는 사람들이 제1 언어로 자신의 모어가 아니라 그곳의 지배(주류) 언어를 '자발적으로' 선택하면 어떻게 될까. 소수 언어 사용자가 그 사회 대부분의 사람들과 더 효율적으로 만나기 위해 지배 언어를 사용하게 되는 것은 불가피한 선택처럼 보인다. 이는 그들의 생존과 직결되는 문제다.

한 나라에서 시민권을 얻거나 교육 혜택을 받으려면 그곳의 지배 언어를 배워 쓰는 것이 효율적이다. 노동 시장에서는 지배 언어로 된 노동 지식을 갖춘 사람을 더 우대한다. 이런 상황에서는 아주 특별한 부모가 아니라면 자기 자녀가 전통 언어를 구사하기를 바라기가 쉽지 않다. 급격한 도시화와 산업화에 따른 거주지 이전, 구직에 따른 이동도 소수 언어의 젊은이들이 부모들이 쓰는 조상 언어를 접하기 힘들게 하는 요인

말의 외발자전거와 두발자전거

들이다.

소수 언어를 향한 주류 언어의 무차별적인 공세도 무시할 수 없다. 지배 언어를 사용하는 대중매체나 문화 상품 이미지가 소수 언어의 그것보다 상대적으로 더 우월하다는 식의 '상징 조작'이 이루어지면 사태가 더 악화한다.

언어는 '문화의 디엔에이DNA'다. '하나의 언어'라는 개념을 어떻게 정의하느냐에 따라 세계 언어는 최대 1만 종까지 구별될 수 있다고 한다. '1만 개의 언어'를 기준으로 말하면 지구에는 1만 개에 이르는 다양한 문화 유전자가 언어를 통해 유지되고 있는 셈이다. 다양한 문화, 다양한 언어를 보존하는 일은 미래를 살아갈 우리 생존을 돕는 것과 같다. 자연 생태계의 다양성이 해당 생물 종의 생존을 좌우하는 것과 같은 이치다.

소멸 위기에 처한 소수 언어를 살려내기 위해서는 지배 언어와 모어를 동시에 사용하는 이중 언어 환경, 또는 삼중 언어 환경을 만드는 것이 좋다고 한다. 심리언어학자들은 이와 같은 다중 언어 환경이 뇌의 정신적 기능을 향상시키고 인지 작용에 도움을 준다고 주장한다. 의사소통 폭이 넓어지면 다양한 커뮤니티나 개인 사이에 교류가 늘어나 사회 활동을 왕성하게 할 수 있다.

언어 다양성이 오히려 효율성을 떨어뜨리는 게 아닐까. 전 세계가 하나의 네트워크처럼 움직이는 오늘날과 같은 상황에서 충분히 제기될 수 있는 의견이다. 소수 언어에 대한 관용적인 태도가 민족주의적인 갈등과 대립을 부추길 우려도 있다. 그런데 진정한 의미의 세계화는 지구 전체global와 지역local이 평화롭게 공존하는 '글로컬glocal'한 삶 속에서 이루어지는 것이 아닐까. 세계화가 단지 거대한 획일주의가 아니라면 말이다.

도움받은 책

- 김종훈·박영섭·박동규·김태곤·김종학(2008). 『한국어의 역사』. 집문당.
- 김준형·윤상헌(2013). 『언어의 배반』. 뜨인돌.
- 김진우(2004). 『언어』. 탑출판사.
- 이기문(1972). 『국어음운사연구』. 탑출판사.
- 이기문(1998). 『국어사개설』(신정판). 태학사.
- 이익섭(2000). 『국어학개설』. 학연사.
- 니컬러스 에번스 씀. 김기혁·호정은 옮김(2012). 『아무도 모르는 사이에 죽다』. 글항아리.
- 니콜라우스 뉘첼 씀. 노선정 옮김(2008). 『언어란 무엇인가』. 살림Friends.
- 벤자민 리 워프 씀. 신현정 옮김(2010). 『언어 사고 그리고 실재』. 나남.
- 스즈키 고타로 씀. 홍성민 옮김(2010). 『무서운 심리학』. 뜨인돌.
- 스티븐 로저 피셔 씀. 박수철·유수아 옮김(2011). 『언어의 역사』. 21세기북스.
- 스티븐 핑커 씀, 김한영 옮김(1998). 『언어 본능』(상, 하). 그린비.
- 이렌느 페퍼버그 씀. 박산호 옮김(2009). 『천재 앵무새 알렉스와 나』. 꾸리에.
- 크리스틴 케닐리 씀. 전소영 옮김(2009). 『언어의 진화-최초의 언어를 찾아서』. 알마.
- John C. L. Ingram 씀. 이승복·이희란 옮김(2010). 『신경언어학』. 시그마프레스.
- Lindsay J. Whaley 씀. 김기혁 옮김(2010). 『언어유형론』. 소통.
- Lyle Jenkins 씀. 최숙희·김양순·심양희 옮김(2010). 『생물언어학』. 동인.
- Neil Smith 씀. 강용순·강혜경 옮김(2004). 『언어 바나나 보노보』. 한국문화사.

삶의 행복을 꿈꾸는 교육은 어디에서 오는가?

미래 100년을 향한 새로운 교육 ▓ 혁신교육을 실천하는 교사들의 필독서

▶ 교육혁명을 앞당기는 배움책 이야기
혁신교육의 철학과 잉걸진 미래를 만나다!

한국교육연구네트워크 총서

 01 핀란드 교육혁명
한국교육연구네트워크 엮음 | 320쪽 | 값 15,000원

 02 일제고사를 넘어서
한국교육연구네트워크 엮음 | 284쪽 | 값 13,000원

 03 새로운 사회를 여는 교육혁명
한국교육연구네트워크 엮음 | 380쪽 | 값 17,000원

 04 교장제도 혁명
한국교육연구네트워크 엮음 | 268쪽 | 값 14,000원

 05 새로운 사회를 여는 교육자치 혁명
한국교육연구네트워크 엮음 | 312쪽 | 값 15,000원

 06 혁신학교에 대한 교육학적 성찰
한국교육연구네트워크 엮음 | 308쪽 | 값 15,000원

 07 진보주의 교육의 세계적 동향
한국교육연구네트워크 엮음 | 324쪽 | 값 17,000원
2018 세종도서 학술부문

 08 더 나은 세상을 위한 학교혁명
한국교육연구네트워크 엮음 | 404쪽 | 값 21,000원
2018 세종도서 교양부문

 혁신학교
성열관·이순철 지음 | 224쪽 | 값 12,000원

 행복한 혁신학교 만들기
초등교육과정연구모임 지음 | 264쪽 | 값 13,000원

 서울형 혁신학교 이야기
이부영 지음 | 320쪽 | 값 15,000원

 혁신교육, 철학을 만나다
브렌트 데이비스·데니스 수마라 지음
현인철·서용선 옮김 | 304쪽 | 값 15,000원

 혁신교육 존 듀이에게 묻다
서용선 지음 | 292쪽 | 값 14,000원

 다시 읽는 조선 교육사
이만규 지음 | 750쪽 | 값 33,000원

 대한민국 교육혁명
교육혁명공동행동 연구위원회 지음 | 224쪽 | 값 12,000원

한국교육연구네트워크 번역 총서

 01 프레이리와 교육
존 엘리아스 지음 | 한국교육연구네트워크 옮김
276쪽 | 값 14,000원

 02 교육은 사회를 바꿀 수 있을까?
마이클 애플 지음 | 강희룡·김선우·박원순·이형빈 옮김
356쪽 | 값 16,000원

 **03 비판적 페다고지는
세상을 변화시킬 수 있는가?**
Seewha Cho 지음 | 심성보·조시화 옮김 | 280쪽 | 값 14,000원

 04 마이클 애플의 민주학교
마이클 애플·제임스 빈 엮음 | 강희룡 옮김 | 276쪽 | 값 14,000원

 05 21세기 교육과 민주주의
넬 나딩스 지음 | 심성보 옮김 | 392쪽 | 값 18,000원

 **06 세계교육개혁:
민영화 우선인가 공적 투자 강화인가?**
린다 달링-해먼드 외 지음 | 심성보 외 옮김 | 408쪽 | 값 21,000원

 07 콩도르세, 공교육에 관한 다섯 논문
니콜라 드 콩도르세 지음 | 이주환 옮김 | 300쪽 | 값 16,000원

 대한민국 교사, 어떻게 가르칠 것인가?
윤성관 지음 | 320쪽 | 값 15,000원

 아이들을 어떻게 가르칠 것인가
사토 마나부 지음 | 박찬영 옮김 | 232쪽 | 값 13,000원

 모두를 위한 국제이해교육
한국국제이해교육학회 지음 | 364쪽 | 값 16,000원

 경쟁을 넘어 발달 교육으로
현광일 지음 | 288쪽 | 값 14,000원

 독일 교육, 왜 강한가?
박성희 지음 | 324쪽 | 값 15,000원

 핀란드 교육의 기적
한넬레 니에미 외 엮음 | 장수명 외 옮김 | 456쪽 | 값 23,000원

 한국 교육의 현실과 전망
심성보 지음 | 724쪽 | 값 35,000원

▶ 비고츠키 선집 시리즈
발달과 협력의 교육학 어떻게 읽을 것인가?

 생각과 말
레프 세묘노비치 비고츠키 지음
배희철·김용호·D. 켈로그 옮김 | 690쪽 | 값 33,000원

 도구와 기호
비고츠키·루리야 지음 | 비고츠키 연구회 옮김
336쪽 | 값 16,000원

 어린이 자기행동숙달의 역사와 발달 I
L.S. 비고츠키 지음 | 비고츠키 연구회 옮김
564쪽 | 값 28,000원

 어린이 자기행동숙달의 역사와 발달 II
L.S. 비고츠키 지음 | 비고츠키 연구회 옮김
552쪽 | 값 28,000원

 어린이의 상상과 창조
L.S. 비고츠키 지음 | 비고츠키 연구회 옮김
280쪽 | 값 15,000원

 비고츠키와 인지 발달의 비밀
A.R. 루리야 지음 | 배희철 옮김 | 280쪽 | 값 15,000원

 수업과 수업 사이
비고츠키 연구회 지음 | 196쪽 | 값 12,000원

 비고츠키의 발달교육이란 무엇인가?
비고츠키교육학실천연구모임 지음 | 412쪽 | 값 21,000원

 비고츠키 철학으로 본 핀란드 교육과정
배희철 지음 | 456쪽 | 값 23,000원

 성장과 분화
L.S. 비고츠키 지음 | 비고츠키 연구회 옮김
308쪽 | 값 15,000원

 연령과 위기
L.S. 비고츠키 지음 | 비고츠키 연구회 옮김
336쪽 | 값 17,000원

 의식과 숙달
L.S 비고츠키 | 비고츠키 연구회 옮김
348쪽 | 값 17,000원

 분열과 사랑
L.S. 비고츠키 지음 | 비고츠키 연구회 옮김
260쪽 | 값 16,000원

 성애와 갈등
L.S. 비고츠키 지음 | 비고츠키 연구회 옮김
268쪽 | 값 17,000원

 관계의 교육학, 비고츠키
진보교육연구소 비고츠키교육학실천연구모임 지음
300쪽 | 값 15,000원

 비고츠키 생각과 말 쉽게 읽기
진보교육연구소 비고츠키교육학실천연구모임 지음
316쪽 | 값 15,000원

 교사와 부모를 위한 비고츠키 교육학
카르포프 지음 | 실천교사번역팀 옮김 | 308쪽 | 값 15,000원

▶ 살림터 참교육 문예 시리즈
영혼이 있는 삶을 가르치는 온 선생님을 만나다!

 꽃보다 귀한 우리 아이는
조재도 지음 | 244쪽 | 값 12,000원

 성깔 있는 나무들
최은숙 지음 | 244쪽 | 값 12,000원

 아이들에게 세상을 배웠네
명혜정 지음 | 240쪽 | 값 12,000원

 밥상에서 세상으로
김흥숙 지음 | 280쪽 | 값 13,000원

 우물쭈물하다 끝난 교사 이야기
유기창 지음 | 380쪽 | 값 17,000원

 선생님이 먼저 때렸는데요
강병철 지음 | 248쪽 | 값 12,000원

 서울 여자, 시골 선생님 되다
조경선 지음 | 252쪽 | 값 12,000원

 행복한 창의 교육
최창의 지음 | 328쪽 | 값 15,000원

 북유럽 교육 기행
정애경 외 14인 지음 | 288쪽 | 값 14,000원

프레이리의 사상과 실천
사람대사람 지음 | 352쪽 | 값 18,000원
2018 세종도서 학술부문

혁신학교, 한국 교육의 미래를 열다
송순재 외 지음 | 608쪽 | 값 30,000원

페다고지를 위하여
프레네의 『페다고지 불변요소』 읽기
박찬영 지음 | 296쪽 | 값 15,000원

노자와 탈현대 문명
홍승표 지음 | 284쪽 | 값 15,000원

선생님, 민주시민교육이 뭐예요?
염경미 지음 | 244쪽 | 값 15,000원

어쩌다 혁신학교
유우석 외 지음 | 380쪽 | 값 17,000원

미래, 교육을 묻다
정광필 지음 | 232쪽 | 값 15,000원

대학, 협동조합으로 교육하라
박주희 외 지음 | 252쪽 | 값 15,000원

입시, 어떻게 바꿀 것인가?
노기원 지음 | 306쪽 | 값 15,000원

촛불시대, 혁신교육을 말하다
이용관 지음 | 240쪽 | 값 15,000원

라운드 스터디
이시이 데루마사 외 엮음 | 224쪽 | 값 15,000원

미래교육을 디자인하는 학교교육과정
박승열 외 지음 | 348쪽 | 값 18,000원

흥미진진한 아일랜드 전환학년 이야기
제리 제퍼스 지음 | 최상덕·김호원 옮김 | 508쪽 | 값 27,000원

폭력 교실에 맞서는 용기
따돌림사회연구모임 학급운영팀 지음 | 272쪽 | 값 15,000원

그래도 혁신학교
박은혜 외 지음 | 248쪽 | 값 15,000원

학교는 어떤 공동체인가?
성열관 외 지음 | 228쪽 | 값 15,000원

교사 전쟁
다나 골드스타인 지음 | 유성상 외 옮김 | 468쪽 | 값 23,000원

교육과정, 수업, 평가의 일체화
리사 카터 지음 | 박승열 외 옮김 | 196쪽 | 값 13,000원

학교를 개선하는 교장
지속가능한 학교 혁신을 위한 실천 전략
마이클 풀란 지음 | 서동연·정효준 옮김 | 216쪽 | 값 13,000원

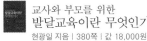
공자뎐, 논어는 이것이다
유문상 지음 | 392쪽 | 값 18,000원

교사와 부모를 위한
발달교육이란 무엇인가?
현광일 지음 | 380쪽 | 값 18,000원

교사, 이오덕에게 길을 묻다
이무완 지음 | 328쪽 | 값 15,000원

낙오자 없는 스웨덴 교육
레이프 스트란드베리 지음 | 변광수 옮김 | 208쪽 | 값 13,000원

끝나지 않은 마지막 수업
장석웅 지음 | 328쪽 | 값 20,000원

경기꿈의학교
진흥섭 외 지음 | 360쪽 | 값 17,000원

학교를 말한다
이성우 지음 | 292쪽 | 값 15,000원

행복도시 세종, 혁신교육으로 디자인하다
곽순일 외 지음 | 392쪽 | 값 18,000원

나는 거꾸로 교실 거꾸로 교사
류광모·임정훈 지음 | 212쪽 | 값 13,000원

교실 속으로 간 이해중심 교육과정
온정덕 외 지음 | 224쪽 | 값 13,000원

교실, 평화를 말하다
따돌림사회연구모임 초등우정팀 지음 | 268쪽 | 값 15,000원

학교자율운영 2.0
김용 지음 | 240쪽 | 값 15,000원

학교자치를 부탁해
유우석 외 지음 | 252쪽 | 값 15,000원

국제이해교육 페다고지
강순원 외 지음 | 256쪽 | 값 15,000원

미래교육, 어떻게 만들어갈 것인가?
송기상·김성천 지음 | 300쪽 | 값 16,000원

▶ 교과서 밖에서 만나는 역사 교실
상식이 통하는 살아 있는 역사를 만나다

전봉준과 동학농민혁명
조광환 지음 | 336쪽 | 값 15,000원

남도의 기억을 걷다
노성태 지음 | 344쪽 | 값 14,000원

응답하라 한국사 1·2
김은석 지음 | 356쪽·368쪽 | 각권 값 15,000원

즐거운 국사수업 32강
김남선 지음 | 280쪽 | 값 11,000원

즐거운 세계사 수업
김은석 지음 | 328쪽 | 값 13,000원

강화도의 기억을 걷다
최보길 지음 | 276쪽 | 값 14,000원

광주의 기억을 걷다
노성태 지음 | 348쪽 | 값 15,000원

**선생님도 궁금해하는
한국사의 비밀 20가지**
김은석 지음 | 312쪽 | 값 15,000원

걸림돌
키르스텐 세룹-빌펠트 지음 | 문봉애 옮김
248쪽 | 값 13,000원

역사수업을 부탁해
열 사람의 한 걸음 지음 | 388쪽 | 값 18,000원

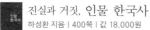
진실과 거짓, 인물 한국사
하성환 지음 | 400쪽 | 값 18,000원

우리 역사에서 사라진 근현대 인물 한국사
하성환 지음 | 296쪽 | 값 18,000원

꼬물꼬물 거꾸로 역사수업
역모자들 지음 | 436쪽 | 값 23,000원

교과서 밖에서 배우는 역사 공부
정은교 지음 | 292쪽 | 값 14,000원

팔만대장경도 모르면 빨래판이다
전병철 지음 | 360쪽 | 값 16,000원

빨래판도 잘 보면 팔만대장경이다
전병철 지음 | 360쪽 | 값 16,000원

영화는 역사다
강성률 지음 | 288쪽 | 값 13,000원

친일 영화의 해부학
강성률 지음 | 264쪽 | 값 15,000원

한국 고대사의 비밀
김은석 지음 | 304쪽 | 값 13,000원

조선족 근현대 교육사
정미량 지음 | 320쪽 | 값 15,000원

다시 읽는 조선근대 교육의 사상과 운동
윤건차 지음 | 이명실·심성보 옮김 | 516쪽 | 값 25,000원

음악과 함께 떠나는 세계의 혁명 이야기
조광환 지음 | 292쪽 | 값 15,000원

논쟁으로 보는 일본 근대 교육의 역사
이명실 지음 | 324쪽 | 값 17,000원

다시, 독립의 기억을 걷다
노성태 지음 | 320쪽 | 값 16,000원

한국사 리뷰
김은석 지음 | 244쪽 | 값 15,000원

▶ 더불어 사는 정의로운 세상을 여는 인문사회과학
사람의 존엄과 평등의 가치를 배운다

밥상혁명
강양구·강이현 지음 | 298쪽 | 값 13,800원

좌우지간 인권이다
안경환 지음 | 288쪽 | 값 13,000원

도덕 교과서 무엇이 문제인가?
김대용 지음 | 272쪽 | 값 14,000원

민주시민교육
심성보 지음 | 544쪽 | 값 25,000원

자율주의와 진보교육
조엘 스프링 지음 | 심성보 옮김 | 320쪽 | 값 15,000원

민주시민을 위한 도덕교육
심성보 지음 | 500쪽 | 값 25,000원
2015 세종도서 학술부문

민주화 이후의 공동체 교육
심성보 지음 | 392쪽 | 값 15,000원
2009 문화체육관광부 우수학술도서

교과서 밖에서 배우는 인문학 공부
정은교 지음 | 280쪽 | 값 13,000원

갈등을 넘어 협력 사회로
이창언·오수길·유문종·신윤관 지음 | 280쪽 | 값 15,000원

오래된 미래교육
정재걸 지음 | 392쪽 | 값 18,000원

동양사상과 마음교육
정재걸 외 지음 | 356쪽 | 값 16,000원
2015 세종도서 학술부문

대한민국 의료혁명
전국보건의료산업노동조합 엮음 | 548쪽 | 값 25,000원

교과서 밖에서 배우는 철학 공부
정은교 지음 | 280쪽 | 값 14,000원

교과서 밖에서 배우는 고전 공부
정은교 지음 | 288쪽 | 값 14,000원

교과서 밖에서 배우는 사회 공부
정은교 지음 | 304쪽 | 값 15,000원

전체 안의 전체 사고 속의 사고
김우창의 인문학을 읽다
현광일 지음 | 320쪽 | 값 15,000원

교과서 밖에서 배우는 윤리 공부
정은교 지음 | 292쪽 | 값 15,000원

카스트로, 종교를 말하다
피델 카스트로·프레이 베토 대담 | 조세종 옮김
420쪽 | 값 21,000원

한글 혁명
김슬옹 지음 | 388쪽 | 값 18,000원

일제강점기 한국철학
이태우 지음 | 448쪽 | 값 25,000원

우리 안의 미래교육
정재걸 지음 | 484쪽 | 값 25,000원

한국 교육 제4의 길을 찾다
이길상 지음 | 400쪽 | 값 21,000원

비판적 실천을 위한 교육학
이윤미 외 지음 | 448쪽 | 값 23,000원

왜 그는 한국으로 돌아왔는가?
황선준 지음 | 364쪽 | 값 17,000원

▶ 남북이 하나 되는 두물머리 평화교육
분단 극복을 위한 치열한 배움과 실천을 만나다

10년 후 통일
정동영·지승호 지음 | 328쪽 | 값 15,000원

선생님, 통일이 뭐예요?
정경호 지음 | 252쪽 | 값 13,000원

분단시대의 통일교육
성래운 지음 | 428쪽 | 값 18,000원

김창환 교수의 DMZ 지리 이야기
김창환 지음 | 264쪽 | 값 15,000원

한반도 평화교육 어떻게 할 것인가
이기범 외 지음 | 252쪽 | 값 15,000원

▶ 평화샘 프로젝트 매뉴얼 시리즈
학교폭력에 대한 근본적인 예방과 대책을 찾는다

학교폭력 어떻게 만들어지는가
문재현 외 지음 | 300쪽 | 값 14,000원

아이들을 살리는 동네
문재현·신동명·김수동 지음 | 204쪽 | 값 10,000원

학교폭력, 멈춰!
문재현 외 지음 | 348쪽 | 값 15,000원

평화! 행복한 학교의 시작
문재현 외 지음 | 252쪽 | 값 12,000원

왕따, 이렇게 해결할 수 있다
문재현 외 지음 | 236쪽 | 값 12,000원

마을에 배움의 길이 있다
문재현 지음 | 208쪽 | 값 10,000원

젊은 부모를 위한 백만 년의 육아 슬기
문재현 지음 | 248쪽 | 값 13,000원

별자리, 인류의 이야기 주머니
문재현·문한 외 지음 | 444쪽 | 값 20,000원

우리는 마을에 산다
유양우·신동명·김수동·문재현 지음 | 312쪽 | 값 15,000원

동생아, 우리 뭐 하고 놀까?
문재현 외 지음 | 280쪽 | 값 15,000원

▶ 창의적인 협력 수업을 지향하는 삶이 있는 국어 교실
우리말 글을 배우며 세상을 배운다

중학교 국어 수업 어떻게 할 것인가?
김미경 지음 | 340쪽 | 값 15,000원

토론의 숲에서 나를 만나다
명혜정 엮음 | 312쪽 | 값 15,000원

토닥토닥 토론해요
명혜정·이명선·조선미 엮음 | 288쪽 | 값 15,000원

인문학의 숲을 거니는 토론 수업
순천국어교사모임 엮음 | 308쪽 | 값 15,000원

어린이와 시
오인태 지음 | 192쪽 | 값 12,000원

수업, 슬로리딩과 함께
박경숙 외 지음 | 268쪽 | 값 15,000원

언어던
정은균 지음 | 268쪽 | 값 15,000원

▶ 출간 예정

참된 삶과 교육에 관한
생각 줍기